Basta

KARIN DE KORTE-MUNK

BASTA

De laatste jaren van een droomprins

Uitgeverij Atlas
Amsterdam/Antwerpen

Graag dank ik redacteur Ine Soepnel en alle medewerkers van Uitgeverij Atlas voor hun geduld en toewijding bij de totstandkoming van dit boek.

Omslagontwerp en typografie
Janneke Vlaming grafische vormgeving
Foto omslag
ANP Foto/Robert Vos
Foto auteur
Jan van der Plas

De foto's in het boek zijn afkomstig uit de privécollectie van Karin de Korte-Munk

Eerste druk, november 2010
Tweede druk, november 2010

ISBN 978 90 450 1837 9
D/2010/0108/583
NUR 698

www.uitgeverijatlas.nl

INHOUD

I

ONTMOETING

‘Een boek over mijn dromen,’ zegt de Prins, ‘goed idee, maar ik zou het niet doen.’

‘Hoe bedoelt u?’ vraag ik.

‘Er zitten risico’s aan. De mensen zullen denken dat je alles hebt verzonnen. Of dat ik die dromen heb verzonnen. En bovendien, geen hond zal het lezen. Dat boek kan je aan de straatstenen nog niet kwijt. Mijn dromen, wat stellen die nou voor?’

‘Mijn bedoeling is een andere kant van prins Bernhard te belichten. Ik heb u tijdens onze gesprekken en de droomuitleg veel beter leren kennen. Er zijn facetten in uw persoonlijkheid die nergens in publicaties aan de orde komen.’

‘Zoals?’

‘U weet toch wel wat ik bedoel. We hebben het er al eerder over gehad. Steeds komen er weer boeken uit die geschreven zijn door weliswaar knappe mensen, maar ze hebben geen woord met u gewisseld. Ik heb altijd geleerd dat je de zaken bij de bron moet verifiëren. Die bron bent u. En dat is meestal niet gebeurd.

De verhalen over u zijn vaak zo negatief. Het lijkt of de schrijvers zich niet echt willen verdiepen in uw geest, uw ziel. Dat wil ik nu juist wél doen.'

Tien minuten later is de zaak beklonken. Een handtekening is niet nodig, vindt de Prins. Hand erop, dat zal het zijn. 'En geen kletskoek vertellen, hè, alleen de dingen die echt gebeurd zijn.'

'Uiteraard.'

Dit alles speelde zich af in het voorjaar van 2000, nadat ik sinds 1996 al vele gesprekken met de Prins had gevoerd. De bedoeling was dat ik dromen zou uitleggen en dat we daarover zouden spreken. Niets meer en niets minder. Maar die middag kwam spontaan de gedachte bij mij op dat ik van alle dromen en de verhalen eromheen een boek kon maken. Een boek waarin de Prins zou worden getoond zoals ik hem zag: strijdvaardig, maar ook bezig met zijn innerlijke leven.

Zijne Koninklijke Hoogheid Prins Bernhard der Nederlanden, voor mij beter bekend als: 'de Prins'.

Ik ontmoette hem voor het eerst in Dordrecht. Het was na de Tweede Wereldoorlog. De Victoriafabriek, bekend om zijn kaakjes en andere lekkernijen, was wonder boven wonder gespaard gebleven voor de bommen. Na de oorlog draaide ze gewoon door. Dat was een voordeel, maar algauw bleek dat de fabriek hopeloos verouderd was. Ze werd totaal gemoderniseerd.

Prins Bernhard verrichtte de officiële opening op 18 april 1962.

Omdat mijn ouders hecht bevriend waren met de eigenaar-directeur van de fabriek werden zij voor de opening uitgenodigd. Ik mocht mee. Waarom is me een raadsel. Mijn broer en zus waren er niet bij. Op een gegeven moment zei de directeur, de heer Redelé, dat ik de Prins toch even een hand moest geven. 'Maar oom Jen,' zei ik, want in die tijd noemde je de vrienden van je ouders oom en tante, 'oom Jen, wat moet ik tegen hem zeggen?'

'Koninklijke hoogheid,' was het antwoord. Trillend van de zenuwen ging ik op weg naar prins Bernhard. Toen ik voor hem stond zei ik: 'Dag koninklijke hoogheid, gefeliciteerd.' De Prins schoot in de lach. 'Waarmee?' vroeg hij en ik antwoordde stotterend: 'Uh, met niets.' Ik schaamde me diep. Waarmee zou ik prins Bernhard moeten feliciteren? Dat zinnetje was er zomaar uitgefloept. Hij was toch niet jarig of zoiets.

Later bij de rondleiding door de fabriek stond ik ineens weer naast de Prins. 'Nu weet ik waarmee je me wilde feliciteren,' zei hij vrolijk, 'je dacht natuurlijk aan al dat lekkers dat hier gemaakt wordt en waarvan ik mag proeven.' Wat een aardige man, dacht ik. Hij redt me uit een vervelende situatie door met een oplossing te komen.

Al de jaren daarna – tot ik de Prins in de jaren zeventig van de vorige eeuw weer ontmoette – dacht ik bij alles wat ik over hem las of hoorde: en toch is het een aardige man.

Prins Bernhard (derde van links) en Jen Redelé (vierde van links) bij de opening van de Victoriafabriek op 18 april 1962.
Met dank aan de familie Redelé

Jaren later hielp deze ontmoeting het ijs te breken tussen de Prins en mij.

Het was eind jaren zeventig. Mijn man en ik waren uitgenodigd voor het KLM Open, een zeer bekend golftoernooi, dat de Prins ook altijd bezocht. In de Heinekentent sprak de Prins op een gegeven moment mijn man, die toen lid van de Tweede Kamer was, aan. Ik stond er wat schaapachtig bij. Ik had gemerkt dat de Prins uitsluitend met mannen praatte en dat de vrouwen beleefd een stapje terug deden. Vreemd vond ik het wel, maar ik dacht: het zal wel bij het protocol horen.

Tot de Prins plotseling aan mij vroeg: 'En wat doet u?' Totaal verbouwereerd hakkelde ik wat over psychologie en psychotherapie, terwijl hij een glimlachende vaderlijke blik op mij richtte waar ik afschuwelijk zenuwachtig van werd. Het interesseert hem geen snars, dacht ik. Het verhaal van de Victoriafabriek schoot door mijn hoofd. Toen ik dat vertelde had ik zijn aandacht. 'Zo, dat is lang geleden, maar ik meen mij toch te herinneren dat u mij toen feliciteerde met niets.'

In de jaren tachtig werd mijn man minister. Eerst van Binnenlandse Zaken. Later werd hij vicepremier en minister van Economische Zaken. Bij officiële gelegenheden waar de koningin aanwezig was maakten de ministers altijd hun opwachting bij de majesteit. De partners liepen er wat verloren bij. Voor mij was het een geluk als prins Bernhard bij dergelijke gebeurtenissen aanwezig was. Ik manoeuvreerde mezelf altijd in zijn richting en als hij me zag kreeg ik het bekende teken dat wilde zeggen: wacht maar even, ik ben nu in gesprek, maar ik kom zo naar je toe.

Zijn openingswoorden waren steevast: 'Aha, kom je me weer feliciteren?' Daarna hadden we een weliswaar kort maar altijd interessant gesprek over mijn vak, de psychotherapie.

De klapper kwam op 9 mei 1989. John Block, president-directeur van de toenmalige vliegmaatschappij Air Holland, had een nieuw vliegtuig aan zijn vloot laten toevoegen. Hij had de Prins gevraagd dit vliegtuig te dopen. Maar dat niet alleen, hij had hem ook verzocht het vliegtuig, de kist in jargon, naar Schiphol te vliegen en daar het doopfeest te vieren.

Het was een bijzonder moment toen de Prins nadat hij keurig geland was uit de cockpit stapte.

Het comité van ontvangst, onder wie mijn echtgenoot en ik, stond hem onder aan de vliegtuigtrap op te wachten. Geroutineerd gaf de Prins iedereen een hand, maakte hier en daar een opmerking, en schoot vervolgens naar binnen waar de roze champagne op hem wachtte. Daar werd een lunch geserveerd waaraan mijn man niet kon deelnemen omdat hij verplichtingen elders had. Dus namen wij afscheid. Bij de Prins gekomen zei deze: 'Heeft u ook verplichtingen? Heeft u patiënten vanmiddag of kunt u blijven?'

Ik wist niet wat mij overkwam. Dit kon uiteraard helemaal niet, er was niet op mij gerekend. Maar als prins Bernhard iets wilde gebeurde dat ook, dat had ik jaren geleden al begrepen. Dus zei ik naar waarheid

Prins Bernhard, Karin de Korte en achter hen Rudolf de Korte en John Block, Schiphol-Oost, 9 mei 1989

dat ik de middag had vrijgehouden, maar dat er niet op mij gerekend was en dat ik geen vervoer naar huis had als mijn man was vertrokken met zijn auto.

De Prins wuifde al die bezwaren weg en vroeg aan John Block of het mogelijk was. De arme John schrok, er was niet op mij gerekend, hij werd ineens met een extra gast opgescheept, maar hij kon niet anders dan ja zeggen. Ik had een visioen van een tafelschikking die nu niet meer klopte, van te weinig eten, te weinig borden... maar alles werd à la minute uitstekend geregeld.

Voor het eerst kon ik een echt gesprek met de Prins voeren. Ik vertelde hem dat ik psychotherapeut was, maar dat ik al jaren bezig was met droomanalyse. Het uitleggen van dromen was mij met de paplepel ingegoten. Mijn vader was zenuwarts en psychoanalyticus. Hij had zich gespecialiseerd in dromen en droomuitleg en hij oefende veel op zijn drie kinderen. Uiteindelijk was ik degene van de drie die psycholoog werd en op die manier had mijn vader een vrijbrief om mij de finesses van de droomanalyse bij te brengen. De Prins bleek zeer geïnteresseerd in dromen.

Toen ik daar zo naast hem stond met mijn glas in de hand werd ik overvallen door een mengelmoes van gedachten. Er waren zoveel verhalen over de Prins in omloop waarin hij werd afgeschilderd als een bon vivant, een man die geniet van het leven, maar zeker niet als een vorser, iemand die in filosofische vraagstukken duikt, laat staan in zo iets wazigs als dromen. Hij merkte dat ik even stilviel. 'U gelooft mij niet? Toch is het waar, ik vind de droomwereld uiterst interessant.' En hij vertelde er nog bij dat hij ook in het spirituele en in religie geïnteresseerd was. Daarbij keek hij mij zeer ernstig aan.

En toch, en toch, bleef ik twijfelen.

Het paste niet bij deze man. Zeker niet na alles wat ik over hem gehoord en gelezen had. Zou hij dan toch over een onvermoede extra dimensie beschikken, die hij zorgvuldig verborgen hield?

Maar waarom vertrouwde hij die dingen dan ineens aan mij toe? De Prins vertelde over zijn liefde voor dieren, hoe hij praatte met olifanten, dat olifanten rouwden om hun overledenen, en dat hij paarden zachtjes in de neus blies, omdat ze dat lekker vonden.

Ik kon het niet helpen. Ik zag maar steeds de levensgenieter voor me, of de dappere soldaat uit de Tweede Wereldoorlog, over wie een oom van mij me veel verteld had.

Maar spiritueel, godsdienstig? Ik durfde het niet te geloven. Gelukkig maakte het protocol een einde aan mijn gepeins en gepieker. De lunch was snel voorbij en voor ik het wist had ik afscheid van de Prins genomen en zat ik in een auto met een alleraardigste chauffeur op weg naar huis.

Die oom vormt een verhaal apart. Hij kon zo uit het boek *Soldaat van Oranje* van Erik Hazelhoff Roelfzema zijn weggelopen. Misschien komt hij er zelfs wel in voor. Alle studenten uit Nederland die zich in Londen inzetten voor de bevrijding van ons land kenden elkaar immers.

Na de oorlog heeft mijn oom mij vaak verteld over wat hij in Engeland beleefd heeft. Net als alle Engelandvaarders liep hij eerst wat verdwaasd rond. Algauw trad hij toe tot de RAF (Royal Air Force), hetgeen merkwaardig overkomt als je beseft dat het om een jonge Hollandse student ging. Maar hij had zijn zinnen gezet op het vliegen en wat mijn oom wilde gebeurde in de regel ook!

In ieder geval had mijn oom, net als zijn makkers, geen enkele vliegervaring. Ze zijn daar kennelijk in ijltempo klaargestoomd om aan de bombardementen deel te kunnen nemen. Mijn oom was een mengeling van bravoure, vaderlandsliefde, zucht naar avontuur, en dapperheid.

Precies die eigenschappen die ik later bij prins Bernhard terugvond.

Over het erop nahouden van 'liefjes' was mijn oom kort en bondig. Iedere soldaat in oorlogstijd zoekt een afleiding voor zijn angsten en onzekerheden. Bij je collega-militairen lukt dat niet. Daar word je geacht stoer te doen, nog een biertje te nemen en vooral dapper weer in het vliegtuig te stappen terwijl je beseft dat je neergeschoten kunt worden. In de armen van een vrouw kun je die verhalen wél kwijt. Bovendien is er de mogelijkheid tot seksuele ontlading. Heel erg nodig voor de man die in de rats heeft gezeten en trots op de basis terugkeert, vol adrenaline. Een liefje erop nahouden was volgens mijn oom eerder normaal dan alles in je eentje verstouwen.

De vriendin van mijn oom beheerde de pub waar de Engelandvaarders elkaar bijna elke avond troffen. Toen ik dit alles aan prins Bernhard vertelde was hij het er geheel mee eens. Het had een brugfunctie naar zijn eigen verhaal.

Prins Bernhard had ook een dame. Naar zijn zeggen zuiver platonisch, maar dat valt te bezien. Het is moedig en het getuigt van een groot inlevingsvermogen dat de toenmalige prinses Juliana deze vriendin tolereerde.

De jaren daarna kwam ik de Prins weer te hooi en te gras tegen op diverse party's en golftoernooien. Altijd was er even die kwinkslag en een grap die verwees naar mijn dromenuitleg. Zoals die keer dat ik alleen naar een haringpartij ging, omdat mijn man een vergadering van de ministerraad had. Ik stond op het voorplein van kasteel Nyenrode te Breukelen te praten toen ineens een schitterende Ferrari de hoek om schoot. De Prins sprong vief de auto uit en ik stond met mijn gesprekspartner duidelijk in de weg. Ik kon het niet helpen, maar ik staarde vol bewondering naar de auto.

'Mooi hè,' zei de Prins, 'dat is nou een echte droomauto', en hij beende weg om zich officieel te laten verwelkomen door het comité van ontvangst. De mensen om ons heen begrepen niets van dit kortstondig contact. Ik voelde me ook niet geroepen iets uit te leggen.

In 1989 waren er verkiezingen voor de Tweede Kamer. De VVD kwam niet in de regering en zo ging mijn man enthousiast als financieel woordvoerder van zijn partij oppositie voeren.

Twee jaar later kreeg ik een column in de *Haagsche Courant*. En zo kwam ik tijdens een boekpresentatie van een vriend diens uitgever tegen. Die wist van mijn columns en hij vroeg of het niet tijd werd eens een boek te gaan schrijven. Het moest dan wel een echt boek zijn, niet een verzameling columns met een nietje erdoor dat men thuis op de wc zou hangen. Ik vond hem wel geestig en vroeg of hij bedoelde dat het boek daar ter lezing of voor gebruik zou hangen. Hij, op zijn beurt, vond mij totaal niet grappig, hij mompelde: 'Denk er maar eens over na', en liep weg.

Ik begon te schrijven. In november 1994 zag mijn eerste boek, *Geluk bestaat*, het levenslicht.

Eind november 1994 werd de Prins ernstig ziek. Een succesvolle darmoperatie werd gevolgd door een longontsteking. Dit gebeurt vaker bij oudere mensen na een zware operatie. De antibiotica sloegen echter niet aan en de Prins werd aangesloten op beademings- en voedingsapparatuur. Om het herstel te bevorderen werd de Prins kunstmatig in slaap gehouden.

Tijdens die geforceerde slaap had hij veel dromen. Maanden later was de Prins pas zover hersteld dat hij weer naar huis mocht.

In het voorjaar van 1995 zag ik de Prins tijdens een officiële gelegenheid in de Grote Kerk in Den Haag, bij een bijeenkomst rondom de koningin. Het viel me op dat de Prins een baard had. Ik was wat schuchter, omdat ik besefte dat hij nog behoorlijk zwak moest zijn. Als hij tijd voor mij wilde inruimen zou ik dat wel merken. En dat gebeurde ook. Na het gebruikelijke kwartiertje wachten wenkte de Prins mij. Hij begon direct over de dromen die hij had in het ziekenhuis. 'Alles zeer heftig, zeer bloederig, bedreigend, maar het liep steeds goed af.'

Hij wilde die graag uitgelegd hebben. Ik vertelde

over mijn boek dat net was uitgekomen toen hij zo heftig aan het dromen was. De Prins was er als de kippen bij: 'Kan ik dat boek ook krijgen?'

Nu ging het boek maar gedeeltelijk over dromen, maar mijn ijdelheid was gestreeld en ik stuurde het boekje naar Paleis Soestdijk in plaats van te zeggen: 'Dat kunt u in elke boekhandel kopen.' Ik was er aardig ingetuind bij Prince Charming.

Een paar weken later ging op een dinsdagochtend de telefoon. Onze hulp was aan het stofzuigen, twee schilders waren bezig onze buitenboel te verven, hetgeen betekende dat alle ramen wijd open stonden en de radio van de schilders luide schettermuziek liet horen. 'Paleis Soestdijk, mevrouw, de Prins wil u graag spreken.' Ik wist me geen raad. 'Mevrouw?' klonk het aan de andere kant. 'Ja, ja, prima,' riep ik en ik vloog door het hele huis met de telefoon in mijn hand om een rustig plekje te vinden.

Daar kwam de Prins. 'Hallo,' zei hij, met een intonatie die ik nog vaak zou horen, 'hallo, zullen we het dan maar doen?' Pardon? En in mijn verwarring zei ik: 'Wat doen, koninklijke hoogheid?' Hij schaterde van het lachen.

'Nou, gewoon, mijn dromen uitleggen.'

'Maar hoe stelt u zich dat voor?'

'Jij komt naar Soestdijk en we gaan dromen uitleggen. Eenvoudig, basta.'

Ik was zo dwaas mijn agenda te pakken en tussen het gegil van de radio van de schilders en het geraas van de stofzuiger door maakten we een afspraak. 'Wat een herrie is het bij jou, heb je een huis vol mensen?' Dat ging ik mooi niet uitleggen. De datum stond vast. 'Even van tevoren Soestdijk bellen en je kenteken doorgeven, dan kun je zo naar binnen rijden.'

Ja, ja, dacht ik, en we zeiden beleefd goedendag. Peinzend stond ik een tijdje met de telefoon in mijn hand. Zo deed de Prins dat dus. Zo had hij het waarschijnlijk zijn hele leven gedaan. Mensen overrompelen. Ervan uitgaan dat men er niet op komt om nee te verkopen. Hoe was het mogelijk dat ik daaraan meewerkte, ik was toch wel wat gewend.

Toch moest de Prins even geduld hebben, want ik stelde de afspraak uit. Mijn man was inmiddels gevraagd om vicepresident van de EIB (de Europese Investeringsbank) te worden. Vijf jaar moest hij in Luxemburg wonen en werken. De partners van de uitverkoren mannen en vrouwen gingen meestal mee. Maar ik wilde mijn praktijk niet opgeven, want dan zou ik immers al mijn contacten met de medische wereld verliezen. Mijn netwerk zou uiteenvallen.

Dus besloten we dat hij permanent een suite in een hotel zou huren en dat ik het ene weekend naar hem zou reizen en hij het volgende naar mij.

Er kwam heel wat bij kijken om dat allemaal te regelen. Daarom was het meer dan een jaar later, toen mijn man hoog en droog in Luxemburg aan de slag was, dat ik een nieuwe afspraak met de Prins kon maken. Zou hij nog wel geïnteresseerd zijn in mijn droomuitleg? Daar hoefde ik me geen zorgen over te maken. We werden het snel eens over een datum.

II

ZIEKENHUISDROMEN

Najaar 1996 rijd ik voor het eerst richting Baarn. Op vrijdagmiddag. De Prins wist dat ik op vrijdag geen cliënten had. De vrijdag was voor sporten. Maar zonder mijn man sporten vond ik minder leuk, dus kon ik gerust op weg gaan naar Soestdijk.

Een marechaussee komt uit zijn hokje. Rijkelijk besprenkeld met jeugdpuistjes. De jongen lijkt nog geen achttien, maar dat denk je altijd als je zelf wat ouder wordt. Hij gluurt naar mijn kenteken, laat ratelend de ketting los die mij de weg versperde, salueert en gebaart dat ik mag doorrijden.

Ik parkeer mijn auto naast een bestelbusje, loop de grote trap van het bordes op. Dat had ik jaren geleden ook gedaan, als praeses van de VVSL, de Vereeniging van Vrouwelijke Studenten te Leiden, samen met de andere leden van mijn bestuur. Wij kwamen prinses Margriet feliciteren met haar verloving op 10 maart 1965.

Pieter van Vollenhoven was lid van het Leidsch Studenten Corps Minerva en prinses Margriet van de VVSL.

Het bericht dat zij zich verloofd had met Pieter van Vollenhoven had ons bereikt en wij scheurden onmiddellijk naar Paleis Soestdijk met een grote bos bloemen, met de bedoeling de heren van het bestuur van het Leidsch Studenten Corps, het Collegium, voor te zijn. Dat lukte wonderwel. In het rode autootje van een van onze bestuursleden gepropt waren wij met zijn vijven de vijf mannen in hun limousine te snel af! Toen we Margriet en Pieter (die zijn enkel in het gips had na een skiongeval) en haar ouders, koningin Juliana en prins Bernhard, hadden gefeliciteerd, waren de vijf heren in hun prachtige auto nog in geen velden of wegen te zien.

Met die herinnering in mijn hoofd loop ik opnieuw de treden op. Algauw wordt me duidelijk dat ik niet door de hoofdingang mag, maar dat er een kleinere zijingang is. Naar later blijkt de ingang voor dagelijks gebruik.

Aan de reeds geopende deur staat een lakei.

Een valet, naar ik later begrijp van de Prins. Ook goed, valet, maar voor mij is hij een lakei in een prachtig livrei met gouden stiksels.

Eerst even handen wassen.

Het lijkt of ik thuiskom in mijn ouderlijk huis. De garderobe ziet er bijna net zo uit als die van mijn ouders. Groter, een paleis waardig, maar de inrichting is van de jaren vijftig of zelfs daarvoor. Twee ouderwetse wasbakken met kranen die je open en dicht moet draaien. Achterin een deur waarin de 'hum', zoals de Prins hem noemt, zich bevindt. De wc heeft net als bij mijn ouders een trekker aan een kettinkje. De ramen in de garderobe zitten hoog om inkijk te voorkomen. Ook al net als bij mijn ouders. Daarom vind ik het wat flauw dat in het boek *Paleis Soestdijk: Drie eeuwen Huis van Oranje* wordt gesproken van schamel en verweesd als het om de inrichting van het paleis gaat. De foto's in het boek zijn genomen nadat het paleis ontruimd was. Een leeggehaald huis maakt altijd een armoedige indruk. Al is het alleen al om de verkleuringen aan de muur op de plekken waar de schilderijen hebben gehangen.

De bewoners waren oud. Oude mensen willen liever geen veranderingen meer aanbrengen. Mijn ouders waren van de leeftijd van prins Bernhard en prinses Juliana. Mijn moeder studeerde in Leiden toen de prinses daar ook haar studie deed.

Verandering geeft onrust. Het is dus niet zozeer eenvoudig als wel oud en ouderwets wat ik aantref in het paleis. Op sommige plekken waan ik mij in een museum.

Door de lange gang vol met bloemen word ik door de lakei naar de kamer van de Prins gebracht. Een heerlijke tuinkamer, licht, met openslaande deuren en een prachtig uitzicht op de tuin. De Prins komt binnen, ziet mij voor de ramen staan, loopt met mij het terras op en wijst meteen naar een plekje gras dat extra kort geschoren is.

'Weet je wat dat is?'

'Een helikopterveldje?' probeer ik, maar daar is het wel erg klein voor.

'Nee, het is een oefengreen, iets voor jou?'

'Speelt u er vaak op?' pareer ik.

'Nooit,' is het antwoord, 'in je eentje spelen, daar is niks aan.' Ik besef ineens hoe eenzaam de Prins soms moet zijn in dit paleis waarin hij geen wezenlijk contact met zijn vrouw meer heeft en de vrienden toch ook niet elke dag langs kunnen komen. Ik val even stil. De Prins reageert daarop met een en al hoffelijkheid. Hij wijst me een stoel, gaat zelf zitten en bestelt thee, die er direct aankomt.

'Weet je waarom ik je heb gevraagd om rond halfvijf te komen?' vraagt de Prins. Ik heb geen flauw benul. 'Dan duurt het maar een halfuur tot het vijf uur is en dan krijg je champagne.' Ach natuurlijk, de bijna spreekwoordelijke roze champagne van de Prins.

Ik vraag hem wel hoeveel tijd we hebben om over de dromen te praten. Dat hindert niet, zolang als nodig is, tot acht uur of negen uur, hij eet nooit vroeg.

Dan zegt hij abrupt: 'Vind je het goed als ik mijn jasje uitdoe, het is hier heel erg warm.'

'Ja,' zeg ik, '28 graden en nog wat, behoorlijk warm.'

'Hoe weet jij dat nou weer?'

'Ach, ik lees wel eens wat, zo nu en dan wordt er het een en ander over u geschreven.' Daverend gelach. Maar als ik vraag of ik ook mijn jasje uit mag kijkt hij verbaasd. Zoiets doe je kennelijk niet als je bij de Prins te gast bent. Maar hij helpt mij uit mijn paarse jasje waar overigens een keurig zwart truitje onder zit.

Het valt me op dat de Prins zijn huiswerk goed gedaan heeft. Hij pakt wat dichtbeschreven velletjes papier van een bureau en bladert erin. 'Wil je ze lezen?' Nee, ik heb liever dat de Prins mij de dromen voorleest. Een voor een, anders wordt het een warboel. Hij is dat direct met me eens en steekt van wal.

DE VLIEGDROOM MET WILLEM-ALEXANDER

'Ik zit in een vliegtuig met Alex. Twee motoren. Alex krijgt les van mij. Hij is de copiloot. Hij heeft perfect gevlogen en we naderen de landingsbaan. Het is ergens in een warm land. Alex zet op mijn aanwijzingen de landing in. Dan zie ik dat aan bakboord de motor in brand staat. "Wisselen," roep ik tegen Alex, want ik wil zelf de kist aan de grond zetten. Alex is lastig, denkt het zelf te kunnen. Ik dwing hem van zijn plaats af en zet even later de kist aan de grond. We smijten de portieren open en rollen naar buiten. Alex struikelt. "Rennen," roep ik. We rennen voor ons leven. Een donderende knal. Het vliegtuig ontploft als een bom. De brokstukken vliegen om ons heen, we worden niet geraakt. Vol emotie vliegen we elkaar in de armen. Alex blijkt zijn enkel verstuikt te hebben. That's all.

DE AUTODROOM DIE NET GOED AFLOOPT

Ik bestuur een auto. Een bloedrode cabriolet. Naast mij zit een veiligheidsman. Een boom van een kerel. Ik rijd hard, te hard voor een auto met een open dak. Ik geniet.

Het is een weg met eenrichtingsverkeer. Niemand voor ons, niemand achter ons. Wat kan ons gebeuren?

Dan komt er een vrachtauto aan. Van de verkeerde kant, een spookrijder, recht op ons af. Ik gooi het stuur naar rechts. We schieten van de weg af in een greppel.

Een donderende klap, wij worden via het open dak gelanceerd. Zitten versuft in een weiland onder de butsen en bloedende wonden. Totaal in shock zie ik dat de vrachtwagenchauffeur dood is. Zijn gezicht is geplet, overal is bloed, de kleur van mijn auto. Ik vraag mij af hoe dat kan, die chauffeur dood en wij niet. Hij zit toch hoog? Dan zie ik pas dat mijn auto in de fik staat. De veiligheidsman en ik kijken ernaar en we doen niets, nog steeds in shock.

NOG EEN VLIEGDROOM MET WILLEM-ALEXANDER, NAAR ZUID-AFRIKA

Weer in een vliegtuig. Lijnvlucht van KLM. *De nachtvlucht naar Zuid-Afrika, Cape Town, die vlucht ken je wel. Naast mij Alex. We naderen de luchthaven. De captain zegt dat we goed moeten kijken naar de Tafelberg. Die ligt er zo mooi bij in de ochtendzon. Hij zal een wending maken zodat mensen foto's kunnen maken.* Verdammt, *denk ik, vlieg toch door man, wij zijn geen toeristen, er zitten louter zakenmannen aan boord en we willen zo snel mogelijk aan de grond staan.*

Hij draait zijn rondje, een paar mensen maken foto's. De captain zet de landing te krap in. Was ik al bang voor. Die man moet vliegen, niet stunten. De kist landt met een klap naast de landingsbaan in een weiland. "Eruit," schreeuw ik tegen Alex, dat kreng vliegt zo in brand. We are queuing *voor de nooduitgang, iedereen gilt. Langs de glijbaan naar beneden en ja, de kist ontploft net op het moment dat iedereen er veilig uit is. Bemanning inclusis.*

Dan heb ik nog een droom over mijn moeder.'

'Ho, wacht even,' roep ik. 'Laten we eerst déze drie dromen bekijken.'

In het vuur van de strijd vergeet ik altijd met wie ik dromen aan het bespreken ben. Zodra ik een rode draad zie, een verband bespeur, word ik enthousiast en wil ik onmiddellijk verifiëren of de dromer vanbinnen voelt wat ik op dat moment uit zijn dromen haal.

Tegenover mij zit prins Bernhard, voormalig prinsgemaal. Maar zo zie ik hem niet op dit moment. Gelukkig heeft hij er geen last van dat ik zo kort door de bocht ben.

'Er zit veel gemeenschappelijks in deze drie dromen. Tweemaal een vliegtuig, eenmaal een auto. Vliegtuigen, auto's, bussen en treinen staan meestal symbool voor de levensreis van de dromer. In dit geval geloof ik niet dat die voertuigen voor uw levensreis staan.'

De Prins interrumpeert mij. 'Nee, dat zou niet kunnen, want dan zou ik in al die dromen doodgaan. Als mijn levensvoertuig ontploft of in brand vliegt is dat einde oefening.'

'Precies,' zeg ik, 'en daarom vermoed ik dat de voertuigen symbool staan voor uw ziektereis. Voor het traject dat u moet afleggen om weer beter te worden.

Het gaat steeds bijna mis, maar net niet. Op het nippertje redt u zichzelf, of u wordt gered door een captain die u wantrouwt, maar die er toch voor zorgt dat iedereen er levend afkomt. Of door een vrachtwagenchauffeur die zelf het loodje legt, maar die wel zorgt dat u levend in de berm belandt.

Begint er bij u nu iets te dagen waarom u deze dromen net in die periode had?'

De Prins grinnikt. Volgens mij weet hij het uitermate goed. Maar hij geeft er de voorkeur aan het mij te laten uitleggen. Eerst vraag ik nog iets. 'Heeft u een speciale band met prins Willem-Alexander? Hij komt twee keer in de dromen voor en beide keren redt u hem. En hij verstuikt ook nog een enkel: bent u bezorgd over hem?'

'Nou nee,' bromt de Prins, 'mijn kleinzonen zijn me allen even lief. Alex is misschien de meest sportieve, hij houdt van vliegen. Hij neemt ook risico's, dat herken ik wel in hem. Laten we zeggen, geen speciale band, maar het "klikt" tussen ons, zoals jullie dat tegenwoordig zeggen.'

'Kan hij ook een alter ego zijn, een jongere uitgave van uzelf?'

'Mijn hemel, je gaat wel snel, daar heb ik me nooit zo in verdiept. Alex is een echte Oranje, hij is fors gebouwd, dat ben ik niet. Hij is wel ad rem en gevat en dat ben ik ook.'

'Zijn er nog andere eigenschappen die u met hem gemeen heeft?'

'Hij is intelligent, praktisch intelligent, maar dat merken de meeste mensen niet, omdat we onze gesprekspartner en onszelf vaak redden met een mop, met iets geestigs. Voor zoiets heb je hersens nodig, maar het komt als oppervlakkig over. Die aanpak zie ik terug bij Alex, maar alter ego... ach mensch, maak het niet zo moeilijk, het klikt en dat is het.'

Oké, dat laat ik voorlopig even rusten.

Dan is er nog de bloedrode auto uit de tweede droom.

Normaal zou ik daar niet zo op letten. Cabriolets zijn vaak rood van kleur, maar er zijn twee dingen die zich aan mij opdringen. De Prins zegt nadrukkelijk: 'bloedrood', en ik weet uit ervaring en uit alles wat ik over de Prins gelezen heb dat zijn voorkeur uitgaat naar groene auto's.

'De bloedrode kleur van de open auto duidt er weer op dat u als de hazen dat voertuig moet verlaten,' zeg ik. 'Bloed kan een heel positief symbool zijn, maar in dit geval duidt het naar mijn mening op onheil. Wat vindt u daar zelf van?' De Prins knikt, hij is het met mij eens.

Ach, ik hoef de Prins nauwelijks uit te leggen dat hij daar in het ziekenhuis zijn situatie aan het uitdromen was. Het was een dubbeltje op zijn kant, dat wist heel Nederland en de Prins zelf voelde dat uiteraard het beste aan. Toch zegt hij: 'Ik wist dat ik zou overleven. Toen iedereen zo aan mijn bed zat om afscheid van pappie te nemen dacht ik: niks ervan, ik ga nog niet dood.' En dat is ook precies de boodschap van de dromen. De dromen geven aan dat de Prins hard moet vechten voor zijn leven, hij crasht, hij raakt gewond, hij raakt in shock, maar telkens weer komt hij erbovenop.

Het blijft gissen wie de vrachtwagenchauffeur is die van de verkeerde kant komt aanrijden. Is dat een arts, die met een zeer revolutionaire methode het uiterste probeert te doen om hem te redden? Een arts die daarbij van een ongebruikelijke kant komt, maar die hem wel uit zijn ziekte parachuteert.

'Ach ja, er is veel met mij geëxperimenteerd, dat gebeurt als je zo'n veertig keer geopereerd bent. Ze proberen steeds alles om mij te redden. Maar ik zou toch niet willen dat zo'n lieve dokter voor mij moet sterven.'

'U moet het ook zien als symbool. Kan het niet zijn dat er een arts is die tot het uiterste is gegaan, die alles uit de kast heeft gehaald om uw leven te redden?'

De Prins krijgt ineens vochtige ogen. Hij denkt kennelijk aan een speciale arts. En ik zeg: 'U bent geloof ik een beetje verkouden, dat is normaal met dit najaarsweer.'

Even is het stil. Als er een antieke klok had gestaan hadden we hem horen tikken.

Dan ga ik verder: 'De captain die zijn vrolijke rondje om de Tafelberg vliegt, wie is dat? Waar staat hij symbool voor?'

'Ik hoop toch niet voor een andere arts,' zegt de Prins bezorgd, 'ze hebben er echt alles aan gedaan om mij te redden.'

'Het is uw droom,' zeg ik, 'het is mogelijk dat u onbewust vond dat er te veel getreuzeld werd. U wilde beter worden, u was ongeduldig. Misschien vond u wel dat u te lang in slaap werd gehouden, dat men te voorzichtig met u was. Vandaar dat rondje Tafelberg, dat ik mij inderdaad goed herinner van onze reizen naar Zuid-Afrika. Ik erger me ook als de piloot besluit mensen de gelegenheid te geven foto's te maken, hoe mooi het ook is. Op dat moment ben je moe van de reis en dan wil je nog maar één ding: veilig en snel landen. Ik vind wel dat u een mooi symbool gekozen heeft in uw droom. En dat de captain naast de landingsbaan terechtkomt terwijl toch iedereen er heelhuids afkomt is ook een mooi symbool. U vertrouwt uw artsen niet blindelings, u wilt graag zelf een vinger in de pap houden, u wilt mee regelen en overleggen, maar dat is wel erg lastig als je in slaap wordt gehouden.'

'Je hebt gelijk, ik was ongeduldig en daarom hebben ze me juist in slaap gehouden. Ik was zelfs obstinaat, had zo mijn eigen ideeën. Ik wilde van al die slangen en toeters en bellen af. Laat die dokters dit maar niet horen.'

'Ik denk dat uw artsen het heel goed zullen begrijpen als ze dit horen. Ze kennen u van haver tot gort, ze zullen er slechts om moeten glimlachen. Dit is toch prins Bernhard ten voeten uit. Alles moet sneller en vlugger, u wilt niet ziek zijn, u bent niet oud, dat is allemaal nonsens, quatsch!'

'Wil je dan zeggen dat die dromen aangeven dat ik zelf heb meegewerkt aan het genezingsproces?'

'Wis en drie, dat willen die dromen duidelijk maken en dat zullen de artsen u ook gezegd hebben.'

De Prins zwijgt. Hij denkt waarschijnlijk terug aan die dagen in het ziekenhuis toen hij op het randje van de dood zweefde.

'Maar nu heb ik nog die vierde droom, daar zul je verbaasd over zijn, die heeft niets met de vorige drie te maken. Zoals ik je zei gaat hij over mijn moeder en mijn ouderlijk huis in Duitsland. Dat is toch iets anders dan snelle auto's en vliegtuigen, niet?'

'We zullen zien,' zeg ik afwachtend, 'het gaat om de boodschap die in de droom zit verpakt. Vertelt u maar.'

'Het gaat dus over mijn ouderlijk huis en mijn moeder. Mijn moeder was een lieve vrouw.'

Kennelijk kijk ik wat verbaasd.

'Ja, ik weet wat er allemaal over mijn moeder gezegd en geschreven is. Over minnaars en een wild leven. Het kan waar zijn, het kan niet waar zijn. Het was een lieve moeder en daar gaat het om. Kijk, Jula [prinses Juliana] was natuurlijk nogal verknipt opgevoed. Die moest met drie jaar een reverence maken voor haar moeder. Ik zat op die leeftijd op mammies schoot. Ondanks al mijn ziektes heb ik een heerlijke jeugd gehad met een moeder die heel veel liefde en warmte gaf.

In de droom ben ik in het huis, een jaar of vier, vijf oud.'

'Kasteel Reckenwalde, of Woynowo,' zeg ik.

'Niet zo eigenwijs, ik praat nu,' zegt de Prins streng, maar zijn ogen lachen. In het contact met de Prins is het erg belangrijk dat je hem aankijkt. Zijn lichaamstaal is vaak geheel anders dan de woorden en zinnen die hij uitspreekt. Die laatste kunnen soms zeer gepeperd zijn. Als ik niet oppas is hij de bevelhebber in het gesprek en ben ik slechts een jonge rekruut. Jarenlange ervaring als psychotherapeut komt mij nu te hulp. Ik ga vrolijk tegen de woorden van de Prins in als ik dat nodig vind en gebruik hier en daar ook krachttermen waar hij van opkijkt. Een vrouw in een keurig mantelpak en op hoge hakken kan indruk maken als ze ineens met een term op de proppen komt die niet zou misstaan aan de borreltafel van militairen. Je moet dat echter zorgvuldig doseren. Overdaad schaadt, ook bij de Prins en dan is het effect totaal weg.

De Prins gaat verder.

'*Ik zit daar wat te spelen met een trein, geloof ik. Waar Aschwin* [prins Aschwin, de jongere broer van de Prins] *is weet ik niet. Ineens zie ik dat er vuur is in een hoek van de kamer. Het lijkt of er een open haard brandt, maar er is daar helemaal geen haard. Het vuur wordt heviger, er komt ook rook, ik stik bijna. Wil om hulp roepen, het lukt niet, er is ook niemand. Geen kindermeisje, niets. Ik ga hollen. Ik ren de trap af, de voordeur uit, naar buiten. Aan het eind van de oprijlaan zie ik mijn moeder staan. Zij heeft haar armen wijd uitgespreid. Ik vlieg in haar armen. "Waar is Aschwin?" vraag ik angstig. Aschwin blijkt veilig te zijn achter moeders rokken. Moeder maakte zich zorgen om mij, niemand wist dat ik in het brandende huis zat. Ze waren allemaal buiten naar mij aan het zoeken. Verbijsterd staren we naar het huis dat helemaal afbrandt.*

Zo, dame, dat is toch heel wat anders, niet?' besluit de Prins.

'Ja en nee,' zeg ik.

'Ja en nee? Wat een nonsens. Hier is geen vliegtuig, geen auto, alleen mijn moeder en mijn broertje en ons huis.'

'Maar dat huis staat wel in brand, er blijft zelfs niets van over.'

De Prins trekt een pruillip. Waarachtig, een man van bijna negentig kan nog een pruillip trekken alsof hij een kleine jongen is. 'Ik hoopte zo dat die droom betekent dat ik naar mijn moeder wil. En ik vind het zo nobel van mezelf dat ik in de droom bezorgd om Aschwin ben. En nou ga jij weer zeggen dat het brandende huis symbool staat voor mijn ziekte. En dat wil ik niet. Ik wil dat die droom betekent dat ik als ik dood ben weer met mijn moeder word herenigd. Ja, dat wil ik.'

In gedachten zie ik een jonge Bernhard, dan nog graaf Bernhard, voor me, die stampvoetend eist dat hij dit wil en dat wil en dat alle personeelsleden daarop afknappen, maar dat zijn moeder hem sussend in haar armen neemt en zegt: 'Bedaar toch, manneke, het komt heus wel goed, je hoeft je niet zo druk te maken.' Pure fantasie van mij. Jaren later blijkt in een gesprek dat ik niet ver naast de waarheid zat. Dat moeder, prinses Armgard, stiekem wel trots was op haar driftkikkertje. Zo'n jongen brengt het verder dan een lieve, zachte Aschwin. Haar kleine Bernhard toonde pit.

Maar ik mag niet zitten mijmeren, de Prins wil een uitleg van zijn droom. Kort en goed: zijn eigen uitleg.

Ik vertel de Prins over de droom van een farao. De farao's in het oude Egypte waren machtige heersers. Als een droomuitleg hun niet beviel konden ze drastische maatregelen nemen. 'U kunt het een beetje vergelijken met onze situatie,' zeg ik. 'Ook ik bevind mij aan het hof. U bent de machtige heerser. U wilt mij verlokken tot een droominterpretatie waar ik niet achter sta. Dan moet u eerst even luisteren naar wat de farao overkwam. Hij droomde dat al zijn tanden uitvielen. Waarheidsgetrouw verklaarde zijn droomuitlegger dat de farao groot onheil te wachten stond. Deze was allerminst blij met de uitleg. Hij werd woedend en liet de droomuitlegger doden. Er werd een nieuwe droomuitlegger gezocht. Deze loog, omdat hij niet ook wilde sterven. Hij zei dat de farao een lang en gelukkig leven te wachten stond. De man kreeg een zak vol goud als beloning! Uiteraard liep het geheel verkeerd af met de farao, omdat hij de waarschuwing uit zijn eigen droom had weggewuifd en geen voorzorgsmaatregelen had genomen.'

'En nu ben ik de farao en ik laat jou in de kerker werpen, omdat je mijn droom niet wilt uitleggen op mijn manier.' De Prins grinnikt weer, het typische lachje, een beetje spottend, maar ook welwillend.

'Zijn er kerkers onder Soestdijk?' vraag ik.

'Alleen een zwembad, maar daar kun je in verzuipen.'

De roze champagne staat langzaam warm te worden op de tafel. We hebben het gewoon te druk om aan drinken te denken.

Maar dan pakt de Prins toch zijn glas en proost mij olijk toe. Het is duidelijk, ik kan mijn gang gaan met de uitleg. Ik zal niet verdrinken in het zwembad.

'Het brandende huis is volgens mij inderdaad uw ziekteproces. Het lijkt eerst kalm te gaan, u zit rustig op de grond te spelen, maar ondertussen woedt de verzengende brand al. U stikt bijna. Dat klopt ook wel met de ervaringen in de realiteit. U lag aan de beademing, maar u zult beslist tijdens het hele proces wel eens in ademnood geweest zijn. Er zit maar één ding op: vluchten uit die benarde situatie. Wegrennen uit die verstikkende atmosfeer. En wat is er dan heerlijker, als u weer vrijelijk kunt ademen, dan in de buitenlucht veilig weg te kruipen bij moeder? Alleen meen ik dat moeder hier symbool staat voor veiligheid, het ontsnappen aan de dood en het omarmen van het lieve leven.'

'Weet je,' zegt de Prins, 'je kunt er wel alles van bakken. Het klinkt heel logisch, maar wie zegt dat mijn droom dit betekent?'

'Uzelf,' antwoord ik, 'u bent de dromer. U als enige kunt aangeven of wat ik aandraag een beetje klopt met uw gevoelens over de situatie. Elk symbool heeft eindeloze betekenissen. Voor niemand betekent eenzelfde soort droomverhaal hetzelfde als voor een ander. Dat maakt dromen zo uniek.'

'Nou, vooruit, ik laat je niet in het zwembad gooien,' zegt de Prins, 'maar ik hoop toch echt dat als ik het hoekje omga ik mijn moeder zal terugzien, in welke gedaante dan ook. En nu moet je naar huis,' voegt hij er plompverloren aan toe.

Ook dat is nog even wennen. De Prins maakt abrupt een einde aan onze eerste sessie. Van afronden of een conclusie trekken is geen sprake. Hij begeleidt me naar de deur. De lakei laat mij uit, de Prins wil niet in de tocht staan. Het gevaar voor verkoudheid is te groot. Wel geeft hij mij nog twee zoenen, één op elke wang. 'Wel thuis en ik bel je voor een volgende afspraak.' En weg ben ik.

Een paar weken later gaat de telefoon. 'Paleis Soestdijk, mevrouw, de Prins wil u graag spreken.' Dan klinkt weer het bekende: 'Hallo' met de driedubbele l, vertrouwd inmiddels en warm. 'Kun je volgende week komen?' Nee, dan kan ik niet, dan ben ik in Zuid-Afrika.

'Ach, Cape Town, mag je met het baasje mee? Wat jammer, ik heb zo'n mooie droom opgeschreven.'

'Er zijn daar enkele officiële ontvangsten en dan is het gewenst dat de partner meekomt,' zeg ik, een beetje nuffig, omdat ik dat 'baasjesgedoe' niet prettig vind, hoe goedmoedig het ook bedoeld is. De Prins neemt meteen zijn draai.

'Je man gaat daar natuurlijk ministers bezoeken en zakenlui, weet je of hij ook Anton Rupert gaat zien?' Dr Anton Rupert is een van de aanzienlijkste zakenmannen in Zuid-Afrika, maar ik heb geen idee of hij op het programma staat. De Prins zit daar niet mee. 'Ik heb een film gemaakt tijdens onze laatste safari en die film is nu net klaar. Kun je die voor hem meenemen? Ik stuur hem niet graag per post, ben als de dood dat hij wegraakt. En maak je niet druk als Anton niet op het programma staat. Dat geeft niks. Ik bel ze gewoon op dat jullie eraan komen. In welk hotel zitten jullie, in het Mount Nelson?' Ja hoor, in dat hotel zitten we. In drie minuten is het alweer geregeld. De droom kan wachten. Wij zullen Dr Anton Rupert de film overhandigen, afspraak of geen afspraak, dat regelt de Prins wel.

En hoe komt die film bij mij thuis? De volgende avond vertrekken we al. Geen probleem, morgen moet er toch een auto van Soestdijk naar Huis ten Bosch, dan kan de chauffeur meteen de film meenemen, ons huis ligt op de route.

Prins Bernhard, de grote regelaar, is duidelijk in zijn nopjes. Hij heeft ook al een plannetje in zijn hoofd waar we nog van zullen opkijken.

Als we aankomen in het hotel in Kaapstad hebben we direct de eerste werkbespreking. De assistent van mijn man vertelt tot onze verbazing dat er is getelefoneerd vanuit Fleur du Cape, het buitenhuis van de familie Rupert, en dat we zijn uitgenodigd voor een diner met nog een aantal gasten. We zijn zeer vereerd, maar begrijpen niet dat de Ruperts een heel diner organiseren terwijl wij alleen maar even een film willen afgeven. Wel begrijpen we inmiddels waarom de Prins wilde weten in welk hotel we logeren.

Wij hebben buiten de waard, oftewel prins Bernhard, gerekend. Want de gasten die mee aanzitten zijn de directeur van de Peace Parks en zijn directe assistent met hun vrouwen. De bedoeling van de bijeenkomst is dat mijn man wordt opgewarmd de EIB zover te krijgen dat zij over de brug komt voor het troetelkindje van de Prins én van Dr Anton Rupert.

Zeer tactvol probeert mijn echtgenoot uit te leggen dat er weinig kans is dat de EIB iets kan betekenen voor de Peace Parks. De heren proberen mijn man over te halen, totdat Huberte, de vrouw van Dr Rupert, ingrijpt. Zij is de drijvende kracht achter haar man, dat is helder. Zij ziet dat die Hollanders in een moeilijke situatie zijn gemanoeuvreerd en gooit het gesprek over een andere boeg. Ze legt uit dat ik regelmatig prins Bernhard bezoek om zijn dromen uit te leggen. De rest van de avond wordt uiterst gezellig. Iedereen heeft wel een interessante droom. Naarmate er wat meer wijn wordt gedronken durven de gasten ook met erotische dromen te komen en het diner eindigt in een vrolijke, ontspannen sfeer.

III

DROMEN OVER MOEDER

Terug in Nederland breng ik de Prins verslag uit van ons bezoek aan de Ruperts. Dan leer ik weer een andere kant van hem kennen. Iets wat ik niet heb teruggevonden in alle boeken en artikelen die ik over de Prins heb gelezen. Hij neemt zijn verlies als een heer, als een Prins, moet ik zeggen. Een van zijn stopwoorden is: 'Jammer, niks aan te doen', soms nog gevolgd door 'basta'. Wat niet kan dat kan niet, we gaan over tot de orde van de dag en er is geen zweempje van kwalijk nemen of verwijt te bespeuren bij de Prins. Wel waagt hij er nog een telefoontje aan naar mijn man in Luxemburg. Deze legt de Prins nog eens precies uit waarom een lening van de EIB er niet inzit voor de Peace Parks. De bank houdt zich absoluut niet met dit soort projecten bezig.

Een jaar later komt hij er nog één keer op terug. Ik toon de Prins een foto van kroonprins Willem-Alexander in de werkkamer van mijn man in Luxemburg. De Prins zit onder een schilderijportret van koningin Beatrix en hij tekent het gastenboek.

Prins Willem-Alexander tekent het Europese Investeringsbank-gastenboek
in de werkkamer van Rudolf de Korte in Luxemburg

'Alex kan ook niks zonder zijn moeder,' zegt de Prins, doelend op het schilderij, en dan: 'Maar hij krijgt bij je man verdorie meer voor elkaar dan ik.' Ik zwijg. Elk commentaar zou verkeerd zijn. Is water belangrijker dan wilde dieren? Ik ga er mijn vingers niet aan branden!

Na het verhaal over ons bezoek aan Zuid-Afrika met uiteraard een nachtelijke wild life-tocht begint de Prins weer over zijn dromen. Hij heeft er een paar voor mij verzameld. Hij heeft ze ook besproken met Kokkie (juffrouw Gilles), zijn steun en toeverlaat nu prinses Juliana steeds verder wegzakt in het verleden. Juffrouw Gilles is trouwens de enige in het paleis die ik de hand mag schudden. Ik word officieel geïntroduceerd. Zij komt op mij over als een kordate dame, die zich absoluut niet de les laat lezen door de Prins. Ze heeft niets van het onderdanige dat sommige secretaresses tonen. In haar ogen kan ik zien dat ze zeer op hem gesteld is. Met haar heeft hij de dromen besproken, maar ze zijn er niet goed uitgekomen wat ze betekenen.

'Het zijn drie dromen over mijn moeder,' maar er zit geen logica in. De eerste droom gaat over nieuwe kleren.

Ik wandel met mijn moeder door winkelstraten en we gaan kleding kopen. In mijn jeugd deden we dat nooit. Er bestonden niet eens kledingwinkels, geloof ik. Alles werd door de kleermaker gemaakt of mijn moeder liet het uit Engeland komen.

Maar goed, hier komt de droom.

DE DROOM OVER DE NIEUWE KLEREN

Ik wandel door een grote winkelstraat. Er zijn alleen maar kledingwinkels en winkels met hoeden en tassen, schoenen en paraplu's en dat soort accessoires. We gaan een winkel binnen met heren- en jongenskleding. Mijn moeder zoekt een broek uit met een bijpassend jasje, het is meer een buisje met van die blikkerende knopen. Ik vind het prachtig. Daar moeten duidelijk een paar nieuwe schoenen bij en kousen. Ja, van die lange kousen, die droegen jongens toen. Ik wandelde trots met mijn moeder weer terug. Toen sloeg zij ineens de hand voor haar mond en zei: "O, je hebt geen nieuw ondergoed, dat kan niet, bij een nieuw pak hoort ook nieuw ondergoed." Wij gingen zo'n winkel in voor een onderbroek en een hemdje, maar hoe mijn moeder ook aandrong, mijn buisje en mijn broek deed ik niet meer uit. Ten slotte zei de meneer van de winkel: "Al goed, dit past hem prima, mevrouw, hij hoeft het niet te proberen." Onder luid protest van mijn moeder verlieten wij de winkel. De rekening zou later volgen.

DE DROOM OVER DE TREIN EN DE WEG NAAR NIEMANDSLAND

Dit is een geweldig mooie droom.

Wij rijden in een trein. Een prachtige eersteklaswagon met veel fluweel en mooie lampjes. De stoomlocomotief is indrukwekkend. Zo nu en dan hoor je hem fluiten, een machtig geluid.

Dan ineens voelen wij dat het achterste stuk van de trein wordt afgehaakt. We rijden alleen met de locomotief en twee eersteklaswagons door. Mijn moeder vraagt aan de conducteur: "Wat gebeurt er?"

"Ach, mevrouw, dit voorste stuk rijdt door naar Niemandsland, een zeer interessant land waar alles anders en nieuw is. De rest van de trein rijdt de gewone route, die krijgt ook een minder fraaie locomotief."

Ik vind het reuze spannend. Mijn moeder niet, die wil terug, naar huis. Maar ik zeg: "Mammie, zo komen we op een heel speciale plaats waar van alles kan gebeuren, dat is toch mooi?"

Mijn moeder kijkt mij lachend aan. Dan word ik helaas wakker. Ben nooit in Niemandsland aangekomen.

DE DROOM OVER DE TAART

Dit is maar een heel korte. Ik zit met mijn moeder aan een tafel. Er staat een enorme taart tussen ons in. Beiden hebben we een lepel. "Toe maar," zegt mijn moeder, "eet maar, die taart is voor ons beiden." Ik steek mijn lepel in de taart, zo'n echt Duitse Kuche, iets van schwarzwalder of zo. Heerlijk. Veel kersen, chocola, room. Wij eten samen de taart op. Einde. Uit.

Zo,' zegt de Prins, 'en nu uitleggen.' Ik schiet in de lach.

'U vraagt, wij draaien. Echt, dat gaat zomaar niet, ik moet dit even op mij laten inwerken. Misschien kan ik vandaag nog geen antwoord geven, maar dan stuur ik u mijn bevindingen op en dan kunt u daar weer op reageren. Dat doe ik bij veel van mijn cliënten als ik word geconfronteerd met wat lastige dromen.'

'Cliënt? Hoezo cliënt? Ik ben toch geen patiënt van jou, je komt hier toch gewoon mijn dromen uitleggen?'

'Tja,' zeg ik, 'dat vraag ik mij af. Hoe u mij ziet begrijp ik wel. Maar wat denken de mensen hier op

Soestdijk ervan? Zien zij in mij niet een soort juffrouw Hofmans?'

Oeps, dat had ik beter niet kunnen zeggen.

De Prins spuugt bijna vuur. 'Als je over die juffrouw wilt beginnen dan kun je beter direct vertrekken,' roept hij woedend, 'dat mensch heeft zoveel onheil gesticht, ik wil er niet meer over praten.'

'Al goed,' zeg ik rustig, maar het verhaal is nog niet af. De Prins barst nog een keer los.

'Hoe durf je jezelf te vergelijken met die juffrouw? Zij, die met haar occulte gedoe hier de hele boel op stelten heeft gezet. Je weet toch wat een ellende daaruit is voortgekomen?'

'Dat bedoel ik juist,' probeer ik weer, 'juffrouw Hofmans was de beschermengel van de oude koningin, wellicht denkt de hofhouding nu dat ik zoiets occults voor u ben.'

De humor wint het weer bij de Prins.

'Ach mensch (wat houd ik toch van dat woord mensch met die duidelijk uitgesproken sch), ach mensch, hoe kunnen ze dat nu van jou denken. Iedereen weet van jou. Ik praat met iedereen over de dromen en de uitleg. Je hebt Kokkie ontmoet en die zei dat dit veel interessanter voor mij is dan voor de televisie zitten en kruiswoordpuzzels oplossen. Maar ik heb er ook met Broekhuysen [particulier secretaris van de Prins] over gepraat en met mijn valet. Er zit niets occults aan jou. Dromen maak je zelf, die komen niet van boven, dat heb ik van jou geleerd nota bene! En de kok heeft al een paar recepten uit je kookboekje gemaakt. Dat wil toch zeggen dat je hier geaccepteerd bent.'

Dat kookboekje heeft er uiteraard niets mee te maken, maar ik vind het wel dierbaar dat de Prins het noemt. Ooit schreef ik een boekje met recepten en anekdotes over de Provence, omdat we daar een huis hadden laten bouwen. Dat boekje gaf ik de Prins en het heeft kennelijk zijn weg naar de keuken gevonden.

We nippen van onze champagne en praten nog wat na over de dromen. Vooral de droom over de nieuwe kleren van de Prins.

Bij het uitlaten brengt hij me weer tot het eind van de gang. De Prins pakt mijn handen en zegt duidelijk, zodat de valet het ook kan horen: 'Zeg in het vervolg maar PB tegen me, koninklijke hoogheid is zo'n mond vol.' Ik dank de Prins hartelijk maar neem mij voor het rustig bij koninklijke hoogheid te houden. Daar voel ik me het prettigst bij. De valet brengt me tot de buitendeur en knikt mij vrolijk toe, zo van: je staat er goed op bij prins Bernhard.

Er volgt een lange vakantie. De Prins vertrekt al vroeg in de zomer naar zijn geliefde Gelukkige Olifant in het Italiaanse Porto Ercole. Wij gaan een maand later naar ons huis in de Provence en we keren pas begin september terug.

De volgende bijeenkomst is dan ook in het begin van de herfst.

IV

BEZICHTIGING VAN PALEIS SOESTDIJK

Als ik die dag binnenstap word ik allerhartelijkst begroet door de Prins. Hij is bruin verbrand en ziet er gezond uit.

'We gaan vandaag iets heel anders doen,' zegt hij. 'Even een kop thee, dan een droom en dan komt er een verrassing.'

De thee is lekker, de droom wordt door mij genoteerd, maar ik mag geen commentaar geven en hem niet gaan uitleggen.

'Nee, alleen maar opschrijven want voor analyses hebben we geen tijd.'

Dan komt de verrassing.

'Ik ga je het paleis laten zien. Wil je dat?'

Nou, maar wat graag. Als je alleen in de garderobe, de gang en de kamer van de Prins bent geweest is het logisch dat je benieuwd bent hoe de rest eruitziet. De Prins laat mij eerst de hele bovenverdieping zien. De slaapkamers van de prinsessen toen zij nog tieners waren. Typisch jarenvijftigstijl, het lijkt alsof alles is blijven staan zoals de prinsessen het achterlieten toen zij het huis, pardon het paleis, uit gingen. De slaapkamer van de Prins is heel eenvoudig. Er ligt een aandoenlijk knuffelbeertje op het keurig opgemaakte eenpersoonsbed.

'Slaapt u daarmee?' vraag ik.

'Welnee, ben je gek, hij zit daar voor de gezelligheid, eens van iemand gekregen.'

Dat zal dan wel een dierbaar iemand zijn, maar ik vraag niet verder. Dan opent hij ineens een deur en zegt: 'Dit is mijn atelier. Je weet dat ik schilder. Ik kreeg les van Rien Poortvliet, zo vreselijk jammer dat hij dood is.'

De kamer hangt en staat vol schilderijen van bergen en luchten met wolkenpartijen. Eerlijk gezegd kan ik soms niet zien of het een wolkenlucht is of een bergpartij. Maar dat hindert niet. Ik vind de werken indrukwekkend, vol vaart geschilderd en stoer. Precies passend bij de Prins. Bij sommige doeken blijf ik even staan. Dan zegt hij: 'Schiet eens op, we hebben niet de hele dag.' Maar ik geloof dat hij toch wel gevleid is dat ik zijn werk waardeer. Als ik alles gezien heb wijst hij op een stoel. Daar staat een aantal schilderijen op. Drie grote en een kleintje. Twee van de grotere werken hebben felle kleuren. Ze spreken me erg aan. Veel rood, geel, oranje.

'Is dat de ondergaande zon?' vraag ik.

'Dat moet je zelf maar bedenken. Sommige mensen zien louter bergen, andere zien alleen maar luchten, dat is voer voor psychologen.'

'En ik zie beide, wat zou dat dan betekenen?'

We lachen wat omdat mijn sterrenbeeld weegschaal

is en ik dus kennelijk steeds balanceer in mijn keuze tussen bergen en luchten.

'Je mag er eentje uitzoeken van deze op de stoel,' zegt de Prins. Dat vind ik roerend. Eerst wilde hij weten of ik ze wel mooi vond en dan mag ik er een voor mezelf kiezen.

Ik bekijk ze nog eens allemaal goed en kies ten slotte de kleinste, in grijs- en wittinten.

'Waarom neem je nou net de allerkleinste? Als ik dood ben levert die het minste op.' Typisch de Prins, die reactie. 'Ik ga het toch nooit verkopen,' zeg ik, 'en ik kies deze kleine, omdat die me het meest aantrekt. Het doet me denken aan onze gesprekken. Niet zo uitbundig met felle uithalen, maar eerder rustig en soms diepgravend en dan weer omhoog strevend en zelfs een beetje filosofisch als het over uw dromen gaat.'

'Nou moe,' zegt de Prins, 'wat een fantasie, ik heb het alleen maar geschilderd omdat ik daar op dat moment zin in had.'

Glimmend van plezier duwt hij me het schilderijtje in handen en loopt meteen naar de volgende kamer.

Het is, in mijn herinnering, een prachtige kamer aan de voorkant van het paleis. Mooi gemeubileerd, maar het opvallendst zijn de schilderijen aan de wanden. 'Allemaal geschilderd door Wilhelmina,' zegt de Prins, 'moeder kon het goed, veel beter dan ik.'

'Anders,' zeg ik, 'anders.' De schilderijen van de Prins vertolken zijn gevoelens op een directe wijze. Zet je de Prins naast zijn schilderijen dan past dat. Bij prinses Wilhelmina ligt dat anders. Haar schilderijen zijn

Het schilderijtje dat Karin de Korte mocht uitzoeken

verfijnd, voor mijn gevoel superartistiek en door hun kleurstelling ongelooflijk boeiend. De koningin Wilhelmina over wie ik van mijn ouders zoveel gehoord heb is een totaal andere vrouw dan degene die me vanuit de schilderijen in mijn ziel pakt. Maar ach, de koningin was waarschijnlijk een zeer gevoelige vrouw met een grote artistieke gave. Ze mocht dat uiteraard niet tonen aan de buitenwereld. Een koningin is kordaat en zij treedt flink op. Zeker in oorlogstijd.

'Fijn voor prinses Wilhelmina dat ze haar diepste gevoelens zo op het doek kon uiten,' zeg ik. 'Ja,' zegt de Prins, 'waar kon ze ze anders kwijt?'

Dan vraagt hij: 'Wil je nog iets zien?'

'De keuken graag, als het kan.' Ik zou wel graag de plek zien waar enkele van mijn recepten gemaakt zijn. Maar nee, dat gaat niet door. Ik mag wel het zwembad zien.

'Daar speel ik nou waterpolo in. Daardoor heb ik zulke sterke spieren. Als je op mijn buik slaat bonk je tegen een plank hout aan. Wil je het eens proberen?'

Nee, natuurlijk niet. En ik zeg: 'Hartelijk dank, ik breek liever niet de botjes in mijn handen.'

De Prins kijkt even verbaasd. Spreekt iemand hem hier tegen? Dat is hij niet gewend. Hij herstelt zich direct.

'Kom, we gaan aan de champagne. Je moet trouwens die dromen over mijn moeder nog bespreken. Je hebt me wel iets toegezonden, maar dat vind ik niet zo duidelijk.'

Er is werk aan de winkel.

Eerst zeg ik nog: 'Het valt me op dat u mij vroeg te

komen om al die dromen die u tijdens de kunstmatige slaap had te bespreken en te verklaren. Maar nu bent u al bezig met dromen van dit moment. Er moeten er toch veel meer zijn uit die periode?'

'A, ik ben een man van het moment, ik leef in het hier en nu en B, ik zie nu wel in dat al die dromen op hetzelfde neerkomen. Ze gaan allemaal over levensgevaarlijke situaties waar ik net heelhuids uit kom. Wel interessant, er is ook nog een droom over een Tiger Moth die ik bestuur en die ik doorzeefd met kogels toch nog netjes aan de grond zet. Maar ik kan ze nu zelf uitleggen en daarom vertel ik je nu liever dromen die "vers" zijn.'

Ik moet lachen om dat 'vers', maar ik laat het maar zo en begin opgewekt aan de dromen over zijn moeder.

'Had u die dromen snel na elkaar, of verspreid over een periode?'

'Drie nachten achter elkaar en toen was het weer over, basta, dat is het gekke.'

'Dat is helemaal niet gek, u houdt heel veel van uw moeder en het zal een periode geweest zijn dat u meer dan anders aan haar dacht en met haar bezig was. Dat komt vaak voor. Dan ga je erg naar iemand terugverlangen en dan is het voor de hand liggend dat je er 's nachts van droomt. De droom van de nieuwe kleren zie ik als een speciale verwennerij van uw moeder. Klopt het dat uw moeder haar zoontjes graag verwende met mooie spullen en lekkere dingen?'

Dat blijkt te kloppen en het klopt ook dat de Prins vond dat hij als oudste best meer verwend mocht worden dan zijn jongere broertje. Hij was echt mamma's grote jongen, maar de Prins laat er onmiddellijk op volgen dat ze ook erg veel van Aschwin hield.

Ik zeg dat de nieuwe kleren volgens mij symbool staan voor het feit dat moeder graag wilde pronken met haar zoon en dat de zoon dat uitermate plezierig vond. De Prins vertelt dat dit juist is. Moeder was zeer trots op hem, vooral later toen hij ging studeren en hij ondanks zijn ziektes toch succes had in zijn studie, maar vooral ook op sociaal gebied. De Prins had overal vrienden en contacten en hij bewoog zich met groot gemak tussen mensen uit de hoogste adellijke kringen. Zijn moeder beweerde dat hij dit van haar geërfd had.

En het ontbrekende ondergoed?

Verrassend genoeg heeft de Prins daar ineens zelf een verklaring voor. Hij denkt dat ondergoed te maken heeft met intimiteit. Zijn moeder was een echte knuffelmoeder, maar de Prins wilde zich niet helemaal 'bloot' geven aan haar. Hij had zo zijn eigen geheimpjes die hij voor zichzelf wilde houden. Zeker later, toen hij naar school ging en in zijn studententijd, was moeder (zoals trouwens alle moeders, voeg ik eraan toe) zeer nieuwsgierig naar wat hij allemaal uitvoerde. Of hij wel goed voor zichzelf zorgde, hij was immers een jongeman met een zwakke gezondheid, of hij vriendinnetjes had, of hij niet te veel dronk… tja, daar kun je als jongeman van rond de twintig bijna geen eerlijk antwoord op geven. Of, zoals de Prins zegt: 'Ik had wel eerlijk kunnen zijn, maar dan was ze beslist flauwgevallen.'

Dus dit is volgens de Prins de verklaring voor het feit dat hij het ondergoed niet wilde passen. Ik voel dit volkomen met hem mee. Ik heb zelf gestudeerd en echt ook niet alles thuis eerlijk opgebiecht. En voor onze zoon geldt hetzelfde. Je helemaal blootgeven, juist bij een moeder met wie je een hechte band hebt, lukt soms gewoon niet.

Ik vertel de Prins dat mijn oom, de Engelandvaarder, een stelling had: 'Je mag niet liegen, maar je hoeft ook niet altijd alles te zeggen.'

'Een man naar mijn hart,' roept de Prins. 'Je hebt het al eerder over die oom gehad, hij zat bij de Royal Air Force. Weet je ook in welk squadron hij zat?'

'320,' zeg ik. Mijn oom heeft zo vaak met mij over de oorlog gesproken en ik was als jong meisje en later als studente hevig geïnteresseerd. Hij vermeed zorgvuldig akelige dingen en ervaringen te vertellen. Ik kreeg alleen het spannende en avontuurlijke te horen. En ook de contacten met jonge dames werden mij gemeld.

'Die meisjes waren nodig en de drank ook, na afloop van een gevaarlijke vlucht, dat nam de spanning weg,' zegt de Prins. 'Ik zal je oom zeker ontmoet hebben. Ik heb nog meegeholpen om squadron 320 op te richten. Maar er waren er zoveel, van die jonge kerels. En tja, ik mocht niet zoveel vliegen. Heeft je oom in de Spitfire gevlogen of in de bommenwerper?'

'Hij gooide bommen en wel heel veel. Het ergste vond hij als de bommen het doel niet raakten en onschuldige burgers de dupe werden.'

'Ach ja, van precisiebommen hadden we toen nog niet gehoord. Alhoewel, als je naar Irak kijkt, van precisie is nog steeds geen sprake. Ik wilde zeer graag meevechten met die studenten, al die fabrieken waar ze oorlogstuig maakten een bom op hun *Kopf* gooien, maar de oude koningin hield dat tegen. Veel te gevaarlijk, ik mocht niet doodgaan, dat was niet goed voor de dynastie. En die jonge studentjes, die werden bij bosjes uit de lucht geschoten door Duitse soldaten met een grondige opleiding door Herr Hitler. Die jongens van ons hadden net hun brevet gehaald en ze waren doodsbang. Iedere vlucht weer. *They wet their pants.*'

Ik kijk verbaasd.

'Ja echt, sommigen hadden onder hun uniform een lange jaegeronderbroek of een pyjamabroek aan. Ze deden het echt van angst in hun broek.'

Kijk, dat had mijn oom mij nu nooit verteld.

'Ach, die oorlog, al die jonge mensen, studenten, liefdevol opgevoed, veelbelovend, de trots van hun ouders en *ploef* weg waren ze, een drama, een ramp. Laten we er niet meer over spreken. Leg me nu die droom van de trein eens uit.'

Wat had ik graag nog meer willen vragen. Hoe dat voelt als je een Duitser neerschiet, een voormalig landgenoot toch en tegelijkertijd de vijand die het gemunt heeft op die onervaren studentjes. Maar ik ben hier niet om vragen te stellen, ik ben hier om te luisteren en te verklaren.

'Wat wilt u over die droom nog weten? Ik heb u geschreven dat het voorste stuk dat naar Niemandsland gaat symbool staat voor uw verlangen naar een spannende toekomst in een land dat nog van niemand is, een land dat u moet veroveren.'

'Ja, ja,' zegt de Prins, 'maar waarom wil mijn moeder

niet mee? Zij was een zeer avontuurlijke vrouw en ze was nergens bang voor.'

'Naar mijn gevoel bent u hier aan het uitdromen dat u op een gegeven moment zelfstandig uw weg moest gaan. Moeders zijn heerlijk voor de opvoeding en voor de liefde die een kind nodig heeft, maar als het kind groot wordt gaat het zijn eigen route bepalen. U neemt daar als symbool "Niemandsland" voor. Wat is er mooier dan een land dat je als jong mens nog helemaal kunt en mag veroveren? En zo ziet de toekomst van een jonge man of vrouw er ook uit. Maar moeder gaat dan niet meer mee. Die blijft thuis en zolang als zij leeft zal ze klaarstaan voor haar kind als dat weer terugkomt bij de bron om liefde en levenservaring in te zuigen. En dat is dus de reden dat u samen niet in Niemandsland aankomt. Het zou mooi zijn als u erachteraan had gedroomd dat u moeder naar huis had gebracht en vervolgens zelfstandig, alleen op zoek was gegaan naar Niemandsland. Toen u die droom had was dat gevoel kennelijk even te bedreigend. Terwijl u het in het echte leven wél zo hebt gedaan. Ik kan me niet voorstellen dat uw moeder op een dag vrolijk riep: 'Zo, ga jij nu maar eens met prinses Juliana uit Nederland trouwen.'

'Nee, nee, nee, dat heb ik inderdaad zelf allemaal besloten,' zegt de Prins. 'En het ging uiteraard niet vanaf een fluwelen bankje, in een eersteklascoupé, geruisloos zonder enige moeite. Ja, nu begrijp ik die droom wel. Volgende alstublieft!'

'Dat is de droom van de taart. Die heb ik niet op papier uitgelegd, omdat ik denk dat u die zelf wel kunt uitleggen. Klopt dat?'

'Ik dacht eerst: de koek is op, mammie is dood. Maar later ging ik meer denken aan wat jij steeds zegt: wat zijn je gevoelens. En die waren goed. Het was heel harmonisch, zoals we daar samen zaten te eten. Ik denk nu dat die droom zoiets betekent dat ik voelde dat mijn moeder alle goede, lekkere, mooie dingen in het leven met mij wilde delen.'

'Applaus,' roep ik, 'die uitleg had ik ook bedacht. En het is toch ook waar dat u tot het einde aan toe veel dingen met uw moeder hebt gedeeld. U bezocht haar graag, er bleef die sterke band tussen moeder en zoon. Dat is heel bijzonder en ik hoop dat u daar met veel plezier aan terugdenkt.'

'Doe ik wel, maar ik mis haar nog iedere dag. De dood is iets verschrikkelijks.'

Zwijgend drinken we van onze champagne. Dan veert de Prins op. 'Je moet weg,' zegt hij, 'weet je wel hoe laat het is?' Veel te laat, dat besef ik wel. Dat komt ervan als je niet alleen dromen uitlegt, maar ook nog eens door een heel paleis wordt geleid.

'En de volgende keer niet zo lang wachten, ik wil dat je snel weer terugkomt.'

Alsof ik dat in de hand heb.

V

TOCH MEER ZIEKENHUISDROMEN

Die volgende keer is sneller dan gebruikelijk. Binnen een maand ben ik weer op weg naar Baarn. De Prins heeft kennelijk de smaak te pakken.

De thee wordt binnengebracht en ik heb nu toch echt een vraag die mij zeer hoog zit. Ik barst los: 'Mag ik u iets persoonlijks vragen?'

Er volgt een lachsalvo, dat eindigt in een hoestbui. Lieve help, wat heb ik nu weer gezegd?

Nog wat nakuchend zegt de Prins: 'Je moet me ook niet aan het lachen maken, dan ga ik altijd hoesten, de luchtwegen werken niet meer zo goed.'

'Maar wat valt er te lachen?' vraag ik.

'Ach, mensch, alles hier is toch alleen maar persoonlijk. Dromen en gesprekken, ik leg mijn hele ziel voor jou bloot.'

'Nou, dat valt nog wel mee,' zeg ik, 'er zit stellig veel meer in uw ziel verborgen. Maar mag ik nu die vraag stellen?'

'Toe maar.'

'Nu ik zo vaak bij u kom raak ik steeds meer

geïnteresseerd in uw karakter, uw persoonlijkheid. Ik ben allerlei boeken gaan lezen. Ik kende alleen Alden Hatch, maar dat boek is door u beiden gemaakt, ik vond het altijd wat gekunsteld. Maar de laatste boeken en artikelen die ik las zijn geschreven over u. Zonder dat de schrijver u volgens mij ooit gesproken heeft. En dan staan er toch krachtige uitspraken in en vaak zo negatief. Ik begrijp dat niet. Als je over iemand wilt schrijven vraag je een interview aan, maar je gaat toch niet lukraak op wat gegevens af en beweert dan ook nog dat dit de waarheid is en niets dan de waarheid. Altijd even verifiëren bij de bron, zou ik zeggen.'

'Ligt ook aan mij. Ik wilde vaak die heren en dames niet te woord staan. Laat ze hun onzin maar opschrijven, dacht ik. Niks aan te doen. En dan heb ik ze liever niet van tevoren gesproken.'

'Het ergste vind ik dat ze u zo aanvallen op wat u in uw jeugd heeft gedaan. Alle jonge mensen willen toch vooruit, ze zijn allemaal ambitieus en egoïstisch, dat moet wel, anders bereiken ze niets.'

'Ja,' zegt de Prins, 'als je jong bent ben je vol van jezelf. Je bent zo bezig met jezelf, met je kracht, je mogelijkheden. Je denkt dat je onoverwinnelijk bent en onsterfelijk. Je bent zo zeker van alles, zo zeker dat je je leven naar jouw wil kunt ombuigen. Dat is het egoïstische stadium. En daar pakken al die boekenschrijvers me op. Ze vergeten dat ze zelf ook eens twintig, vierentwintig jaar waren. Ze staren zich echt blind op mijn jeugd.'

'Zullen we maar zeggen: hoge bomen vangen veel wind?' opper ik.

'Het is een vreselijk cliché, maar toe maar. Later heb ik wel geleerd dat het leven zelf je op een gegeven moment te grazen neemt. En dan bedoel ik niet Lockheed, veel erger dingen, zaken die pijn doen in de ziel, die niet te repareren zijn. Het leven leert je dat iedereen zijn portie verdriet en ellende krijgt. Dat maakt je zachter, milder. Mijn leven is niet slecht, ik kom er goed van af. Goede kinderen, goede kleinkinderen, geen drugs, geen alcoholisme, maar wel een dementerende vrouw. Ik moet wel lachen als ik steeds weer lees hoe ambitieus ik in mijn jeugd was. Het is zover weg, die tijd. Nu heb ik nog twee ambities. Een is de Peace Parks en de ander…

'Daar komt de valet binnen om de theeboel op te ruimen en de champagne te brengen. Maar wat is nu die tweede ambitie?

Het juiste moment is voorbij. Ik zal er een andere keer wel naar vragen.

De Prins is in een contemplatieve bui. Dat heb ik nog niet eerder meegemaakt.

Jammer dat hij geen pijp meer mag roken, dat had er goed bij gepast.

De Prins wil de verklaring van zijn dromen die hij mij de vorige keer meegegeven heeft. Keurig geschreven op blocnotevelletjes.

'Je hebt me geen fax gestuurd,' zegt hij verontwaardigd.

'Daar had ik ook absoluut geen tijd voor, u belde al zo snel dat ik weer terug moest komen.'

'Ho, ho, terug mág komen, het is altijd je vrije

verkiezing, je kunt ook nee zeggen tegen die ouwe brombeer.'

De dromen, het zijn er een aantal, gaan toch weer over zijn ziekenhuisperiode.

Ik kan het niet laten: 'U wilde toch niet meer praten over de dromen die u had in het ziekenhuis?'

'Ach, wat, deze had ik ergens opgeschreven, maar ik kon ze niet terugvinden en toen had ik ze weer. Ze zijn interessant, niet?

DE DROOM OVER PRINS CLAUS

Ik droom dat Claus naast mijn bed zit. Hij zegt dat ik nog niet mag sterven. Hij vindt mij te bijzonder, hij heeft mij nog nodig. En hij zegt dat hij zeer op mij gesteld is.

Dat is de droom. Maar het is zo vreemd. Ik had weinig contact met Claus. We waren vriendelijk tegen elkaar, goedemorgen, goedenavond, hoe gaat het en zo meer. Na mijn ziekte is dat ineens veranderd. Misschien omdat hij mij als zo'n hopeloos vod zag liggen.'

Ik antwoord dat het volgens mij anders ligt. Zeg: 'U bood hem van alles aan. Overname van uw functies: World Wildlife Fund, Bilderberg. Prins Claus weigerde. Wellicht had u niet in de gaten dat prins Claus zichzelf wilde bewijzen. Hij wilde zelf een plekje veroveren waar hij nuttig was op deze wereld. Maar hij hield op zijn manier van u en wilde absoluut niet dat u uit het leven zou stappen. De droom maakt duidelijk dat prins Claus op u is gesteld en dat u van hem absoluut niet weg mag. Terwijl de buitenwacht – naar uw eigen zeggen – de begrafenis al aan het voorbereiden was.'

'Ach ja,' zegt de Prins zacht, 'Claus heeft speciale gaven. Misschien voelde hij wel aan dat ik nog lang niet uit dit leven wil stappen. Voelde hij dat via een soort onderstroom.'

Ik vraag maar niet wat de Prins bedoelt met die onderstroom. Wel vraag ik of hij tevreden is met de uitleg. En dat is hij.

'Ken je hem?' vraagt hij dan.

'Nee, niet echt.'

'Maar jullie zitten op dezelfde golfclub.'

'Daar is het: "dag koninklijke hoogheid" en "dag mevrouw". Een enkele keer een zucht dat golfen toch zo moeilijk is en dat je het nooit leert. Dat is alles. Hoewel, ik zat eens naast prins Claus tijdens een lunch. Het was vrij informeel, afscheid van de Mexicaanse ambassadeur. Prins Claus was zo geestig dat ik voortdurend moest lachen.

Hij heeft een speciaal soort verfijnde humor die direct op mijn lachspieren werkt.

Toen we naar huis reden zei ik tegen mijn man: "Prins Claus heeft humor als engelenhaar. Ragfijn en licht en tegelijkertijd glashard." U weet dat je je behoorlijk kunt snijden aan engelenhaar.'

'O ja,' zegt de Prins, alsof hij elk jaar hoogstpersoonlijk de kerstboom optuigt. 'En was je man het met je eens?'

'Hij kon dat niet weten, als ik naast prins Claus zat was zijn plaatsje naast de koningin.'

'Ik zei het je al, Claus heeft speciale gaven. Maar nu de volgende droom, die is pittig.

DE DUIKBOOTDROMEN

Diverse malen droom ik in het ziekenhuis over duikboten. De boten zitten onder een dikke ijslaag. In een van die dromen torpederen we nog "even" een Duits oorlogsschip.'

Ik hoef de Prins nauwelijks iets uit te leggen. Het gaat bij de duikboten weer om de *struggle for life*. De duikboten moeten bovenkomen en zich door het ijs heen breken en de Prins moet er lichamelijk weer bovenop komen.

Het zijn zeer duidelijke symbolen. En dat Duitse oorlogsschip? Wat wil de Prins torpederen? De vijand! En in dit geval is de vijand de ziekte waar hij tegen vecht. Die ziekte moet eigenlijk getorpedeerd worden, dan ben je er in één keer vanaf. Dat geeft het onbewuste aan. Helaas is de werkelijkheid anders. De Prins krabbelt langzaam, maar wel zeker, weer op en herstelt!

ZWEMDROOM

'Ik sta in het water. Ik zwem niet echt, ik waad meer naar de overkant. Het water staat tot aan mijn borst. Ik denk aan luctor et emergo, *ik worstel en kom boven. In dit geval kom ik niet boven, maar ik blijf boven.'*

De Prins kan die droom zelf goed uitleggen. 'Hoe moeilijk het ook is, welke obstakels mij ook in de weg staan, ik zal mijn doel bereiken, namelijk beter worden.'

Ik hoef hier niets aan toe te voegen, behalve dat ik vroeger op school heb geleerd dat je *emergo* mag vertalen als: ik kom boven, of ik blijf boven. Onze leraar Latijn keurde beide goed.

DE JACHTDROOM

'Deze droom had ik wel in het ziekenhuis, maar ik was weer bij kennis. Vertegenwoordigers van allerlei vorstendommen zijn bijeen om te jagen. Ik ben de vertegenwoordiger van het kleinste, Lippe. Ik voel dat ik de eer van mijn kleine Lippe hoog moet houden. Ik moet en zal iets fatsoenlijks schieten. Dat lukt mij ook. Wat ik precies schoot weet ik niet. Ik kreeg niet de hoofdprijs, maar ik kwam er goed van af.

Het zal wel zoiets betekenen als: ik laat mij niet op de kop zitten, ik ga mijn eigen weg en dan komt het wel goed.'

Ik voeg daar nog aan toe: 'U gaat uw eigen weg in de volle overtuiging dat u goed bezig bent en dat u steeds de uitdaging aanvaardt. U ligt daar in het ziekenhuis langzaam beter te worden. Het begint klein, maar ieder stapje vooruit telt. En vanuit het kleine vorstendom Lippe, de bron waar u vandaan komt, weet u toch een behoorlijk resultaat te behalen. In uw droom noemt u dat: "Iets fatsoenlijks schieten." U komt fier op voor uw vorstendom, oftewel, u vecht beetje bij beetje voor uw gezondheid. Bent u het hiermee eens?'

'Volkomen, maar wat kijk je peinzend? Is er iets?'

'Wilt u het echt weten?'

'Ja, schiet op, vertel.'

'Nou, ik zat te denken waarom u mij de eerste keer niet direct alle ziekenhuisdromen hebt gegeven. Kan het zijn dat u de kat uit de boom wilde kijken? Dat u mij nog niet helemaal vertrouwde en dacht: eerst maar deze dromen, kijken wat ze ermee doet en dan zien we wel verder.'

‘Waarom heb je me toch steeds dóór,’ zegt de Prins quasi-wanhopig. ‘Ik weet heus wel dat psychologen niet dwars door je ziel kunnen kijken, maar dit komt er toch wel erg dichtbij.’

Ons middagje zit er weer op, ik moet gaan. Ik vind het echt jammer dat het weer voorbij is en dat vindt de Prins ook. Het is zo goed te merken dat hijzelf de dromen al snel kan begrijpen en de boodschap eruit kan halen. Dat maakt mij vrolijk en dat zeg ik ook. ‘En ik word er ook vrolijk van, dat zijn er dan twee,’ zegt hij.

VI

WAAR IS DE PRINS?

‘Weet je, ze zeggen allemaal, en ook in de kranten, dat ik nooit depressief ben. Nou, dat is wel het geval. Als alles tegenzit heb ik er soms totaal genoeg van. Dan denk ik: je kunt nu van het dak springen. Of je gaat naar de dokter en vraagt om pillen. Pillen maken je suf en ik wil helder blijven. Wat maakt mij depressief? De gedachte aan het linten doorknippen en bruggen openen. Het gekke is: ik heb niet eens zoveel linten doorgeknipt, en bruggen? Misschien eentje. Maar zo noem je dat nou eenmaal in onze kringen. Linten doorknippen… brrrrr… En het erge is: die mensen zijn zo blij om je heen. Daar is de Prins in zijn nette pak met zijn anjer en hij lacht en hij knikt en hij knipt waarachtig het lint nog goed door ook. Ach, wat zijn die mensen vrolijk en je krijgt een glas roze champagne omdat ze dit nu eenmaal weten, terwijl ik snak naar een groot glas bier.

Weet je wat ik dan doe? Als ik depressief word?

Geen pillen, o nee, geen pillen. Ik ga nadenken. Hoe kom ik hier weg uit dit paleis? Wat kan ik nog eens doen? Wat wilde ik vroeger? Iets belangrijks worden in het bedrijfsleven. Ik ga dus iets doen voor het bedrijfsleven. Dat is interessant, dan ben je nuttig. Nuttig voor Nederland, nuttig voor de wereld. En dan ga ik bellen. Met mensen uit mijn netwerk. En ik vraag zo hier en daar wat. En altijd komt er weer iets uit. Ik ga op reis, ik praat, ik onderhandel, het heeft resultaat en kijk... de depressie is over.'

De Prins staat voor het raam.

Voor ons raam in ons huis. Als een weerbarstige man heeft hij twee gebalde vuisten in de zakken van zijn jasje gepropt.

Een paar dagen daarvoor heeft hij gebeld of hij langs mocht komen. Hij moest toch in Den Haag zijn en dan konden we beter bij mij thuis over dromen praten. Hij had zo genoeg van Soestdijk. Altijd hetzelfde.

'Ik heb nog even gedacht aan Huis ten Bosch,' zei hij, 'maar hoe leg ik dat uit aan mijn dochter? "Heb je een kamertje waar ik dromen kan bespreken met de vrouw van een ex-minister van jou?" Dat gaat toch niet, dat werkt niet en daarom kom ik naar jou toe.'

'Ik ben zeer vereerd dat u mij wilt bezoeken. Maar u moet wel weten dat wij letterlijk in een glazen huis leven. Het is echt een huis met rondom *French windows*, dus ik weet niet of het zo'n goed idee is, iedereen kan u zien.'

De Prins zet door. Hij moet bij de notaris zijn en daarna komt hij bij mij langs, basta.

Oké, denk ik, basta. We zien het wel.

En het valt honderd procent mee. Precies op het

afgesproken uur rijden twee auto's onze oprit op. De Prins springt uit de eerste. Hij krijgt iets aangereikt van de chauffeur. Een groot soort thermosfles. Dan klautert hij ons bordes op. Bellen hoeft niet, ik heb de deur al opengedaan. 'Kijk, roze champagne, ik moet als bezoek toch iets meebrengen.'

Wat lief, denk ik, maar dat zeg je niet tegen prins Bernhard. Dus zeg ik: 'Wat een verrassing, dank u wel', en wij geven elkaar als bij afspraak spontaan twee zoenen op de wang.

Die hele middag komt er bijna niemand langs. En wie langswandelt of -fietst kijkt absoluut niet naar die twee extra auto's en niemand probeert naar binnen te gluren.

Men is gewend dat er bij mij auto's van cliënten staan. En door de kleine ruitjes naar binnen kijken is moeilijk, naar buiten is makkelijker.

Er komt een ruiter te paard langs, altijd een feestelijk gezicht in ons lommerrijke laantje.

'Kijk, je hebt paarden in je tuin,' roept de Prins enthousiast. 'Als je fantaseert dat de weg en dat stuk erachter ook van jou zijn dan bezit je een heel bos met paarden en al.'

Door de ogen van de Prins bezien woon ik in een klein huisje met een piepklein tuintje. Terwijl ik zo blij ben met ons bezit. Was het niet Einstein die uitvond dat alles relatief is?

Ik antwoord daarom niet, maar zet twee koppen thee op het glazen tafeltje. De Prins vindt het gezellig dat de haard brandt, een ronde open haard, midden in de kamer.

'Als ik zo'n haard had zou ik er de hele dag zitten,'

zegt de Prins. 'Voeten op de rand, mooi boek erbij, drankje ernaast... heerlijk.'

'Ach welnee,' lach ik, 'u houdt dat nog geen uur uit, dan moet u van uzelf alweer iets doen, u nuttig maken.'

'Wat ben je toch een kreng, je spreekt me steeds tegen, dat ben ik niet gewend.' Ik schrik van het woord 'kreng' en dat zeg ik ook. 'Jaren geleden zei u dat ook al eens tegen mij. Mijn man was minister en hij was uitgenodigd voor een intronisatie. U werd ook geïntroniseerd. U was de hoofdgast, zat ook aan de hoofdtafel. Ik moest even mijn handen wassen en passeerde uw tafel. Zag dat uw servet op de grond lag. Durfde niks te doen. Toen ik terugkwam lag het servet er nog. Toen heb ik het opgepakt en het aan u teruggegeven. "Koninklijke hoogheid, alstublieft," zei ik. U wilde weten wie ik was en ik legde het uit. "Ah, bent u dat kreng," riep u en ik schrok me rot. Ik heb maar iets gemompeld van: "Ja, dat ben ik", maar ik snapte er niets van.'

'Och,' zegt de Prins meewarig, 'dat je daar al die jaren mee hebt rondgelopen. Ik houd van krengen, ik houd van het woord kreng, ik gebruik het vaak. Bedoel er niets slechts mee, alleen dat je geen domkop bent.' Oké, dat weet ik dan weer en inderdaad valt het me in volgende gesprekken op dat de Prins het woord kreng gebruikt voor pittige, een beetje brutale, maar wel aardige vrouwen.

Het wordt tijd voor de roze champagne. Op weg naar de keuken waar ik twee keurig gepolitoerde champagneflûtes heb klaarstaan, strijk ik even met mijn hand langs het jasje van de Prins dat hij achteloos op een stoel heeft gegooid. Kasjmier, wat voelt dat heerlijk zacht. 'Mooi hè,' is zijn reactie, 'gemaakt door een speciale kleermaker. Ik ga nog twee pakken laten maken in dit leven, want ik heb nog twee missies, één is de Peace Parks heel goed regelen en twee...' Nee hè, daar gaat de telefoon. 'Laat maar,' zeg ik, maar de Prins wil dat ik opneem. Het kan toch niet waar zijn, nu heb ik weer niet gehoord wat die tweede missie is. Door de telefoon ben ik uiterst zakelijk en kortaf. Intussen is de Prins de keuken binnengedrenteld. Hij kijkt naar de glazen en vraagt: 'In welke kast heb je je gewone glazen? Niet kristal, maar gewoon, voor dagelijks gebruik?' Waarom wil hij dat nu weten? Ik wijs op een kastdeurtje. De Prins rukt het open. Lieve hemel, denk ik, de hele boel rolt naar buiten. Dat valt mee. De ruk was beheerster dan ik dacht. Het valt mij ineens op dat de Prins slanke, goed verzorgde handen heeft waarmee hij de bruuske bewegingen remt. De Prins rommelt wat en weer ben ik bang dat alles zal omvallen. Hij steekt zijn hand tot achter in de kast en pakt een glas. Uiterst voorzichtig tilt hij het over het ratjetoe aan glazen heen dat ervoor staat. 'Kijk, dit bedoel ik, heb je er nog zo een?' Het zijn kasteelglazen, die de hospita van mijn man, juffrouw Jo, met punten heeft verzameld voor ons huwelijk. We hadden er zes, er zijn er nog vier over. Grof, dik glas, met een paleis of kasteel erop. Maar wel heel dierbaar, omdat de hospita zo haar best heeft gedaan ze te verzamelen door trouw punten te sparen van koffie, naar ik me herinner.

'Hoe is het mogelijk!' roep ik dan, 'zie eens wat u in uw handen heeft, Paleis Soestdijk, en dat glas stond helemaal achterin!'

De Prins gaat dus drinken uit zijn eigen paleis, dat vindt hij wel een mop.

Ik haal de champagne uit de thermosfles en hij blijkt al geopend te zijn. Er zit een champagneafsluiter op van het WWF. Die dop prijkt nu nog steeds op mijn bureau. Ik gebruik hem niet, uit angst dat hij kapot gaat. Het is een prachtige getuige van een bijzonder moment.

De Prins schenkt in en midden in de keuken klinken we op nog veel mooie dromen en hun interpretatie.

Die tweede missie vergeet ik totaal en ik zal haar nooit te weten komen. De Prins zal overlijden nadat missie één volbracht is. Het tweede pak zal ongebruikt in de kast blijven hangen.

Terug bij de haard trekt de Prins een paar velletjes papier uit zijn broekzak.

'Vandaag heb ik leuke dromen,' zegt hij, 'om eentje moet je echt lachen. Die gaat over een bezoek aan Buckingham Palace.' Hij leest voor:

DE DROOM OVER DE JUWELEN

'Ik zit aan een deftig diner op Buckingham Palace. De dames zitten overdreven te pronken met hun juwelen. Ik verveel me stierlijk en ik verzin een geintje. Ik pak een zakje niespoeder uit mijn zak en strooi dat over de tafel. Niemand ziet wat ik doe. Maar even later gaat iedereen onbedaarlijk niesen. De dames verliezen hun juwelen, die veel te strak om hun weelderige halzen zitten. Ik lach me gek als al die dames onder de tafel kruipen om hun kostbare bezit weer bijeen te graaien.

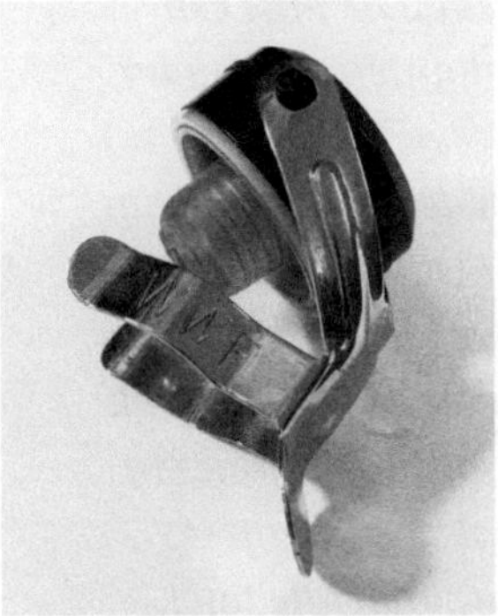

De champagneafsluiter met de letters WWF erop die de Prins cadeau deed aan Karin de Korte

Het glas met Paleis Soestdijk erop waar de Prins zijn roze champagne uit dronk

Als iedereen weer zit wordt er geteld. Die mist een paar barokke parels, die mist wat briljanten, een ander weer een kostbare robijn.

Het personeel komt aangesneld om de resten bij elkaar te zoeken. Maar ik besluit de held uit te hangen en zeg: "Nee, laat mij maar, ik zoek de rest wel op." Ik kruip onder de tafel en ik zie algauw van alles liggen. Maar ik ben in een ondeugende bui en knijp sommige dames in de kuiten. Zij durven niks te zeggen, ik zoek immers hun juwelen. Wat heb ik een pret daar onder de tafel.

Gelukkig vind ik alles terug en de dames bedanken mij uitvoerig. Ze zijn toch zo vreselijk gehecht aan die steentjes. Dan word ik helaas wakker.

Hoe leg je die droom uit? Het heeft iets te maken met opscheppen en uiterlijk vertoon, dat begrijp ik wel, maar verder?'

'Dan moet ik eerst even iets vragen: zit of zat u vaak op Buckingham Palace aan tijdens een diner? En was dat inderdaad saai?'

'Ja en nee, vaak daar gegeten, maar nooit saai. Het waren altijd leden van bevriende vorstenhuizen of hoge heren uit regeringen, nee nooit saai, altijd veel te bespreken en soms gezellig.'

'Dan moeten we het zoeken in de symbolen. U zoekt voor uw droom Buckingham Palace uit. Voor zover ik weet een indrukwekkend en statig paleis. Dat is het eerste symbool.

De dames met de te strak zittende juwelen vormen het tweede symbool. U zegt het zo beleefd, maar die dames zijn duidelijk te dik geworden. Hun juwelen passen niet meer.

Te dik zijn heeft met weelderigheid te maken. U heeft wel eens tegen mij gezegd dat u dikke mensen dom vindt. Al dat vet zit hen in de weg en het enige dat ze moeten doen om het kwijt te raken is sporten en minder eten. Actief zijn, zoals u, hoewel u dat laatste er niet bij zei.

De droom is volgens mij een bewijs dat u een afkeer heeft van opgelegd pandoer. Men mag best juwelen dragen, maar er moet niet mee gepronkt worden. Uw "geintje" met het niespoeder heeft volgens mij ook een diepere betekenis. In uw droom zijn al die dames, van wie sommige zelfs vorstin of prinses zijn, zo gehecht aan hun "steentjes", zoals u ze noemt, dat ze direct onder tafel kruipen om ze terug te vinden. Niet erg *lady like.* Je zou verwachten dat de dames een gilletje laten horen en het vervolgens aan het personeel overlaten om de boel bijeen te zoeken. Maar nee, ze verlagen zichzelf letterlijk door achter hun aardse bezit aan te kruipen. U kent toch wel de uitdrukking: "Voor iets of iemand door het stof kruipen?"

Deze droom zegt iets over hoe u denkt over bezit. Ik vermoed dat u beseft dat geld en goed noodzakelijk zijn in het leven, maar dat het niet alleen zaligmakend is. Je hoeft er niet voor door het stof te gaan kruipen, u vindt dat zelfs lachwekkend.'

'Goed uitgelegd, geld vind ik inderdaad een noodzakelijk kwaad. Ik heb het nodig om al mijn plannen te kunnen uitvoeren. En oké, een beetje voor mezelf, maar geen overdreven luxe. Ik hoef geen patserig horloge met diamanten. Maar die kuitenknijperij, wat betekent dat?' vraagt de Prins met een olijke glimlach.

Ik schiet in de lach. 'Freud zei: "De droom is een wensvervulling." Is dat genoeg?'

'Ach,' zegt de Prins, 'moet ik toch nog eens op mijn oude dag onder een tafel in kuiten gaan knijpen, een nieuwe ervaring.'

Hij pakt de fles en schenkt nog eens in.

Zoutjes eet hij niet. Ik ben naar de beste banketbakker van ons dorp gegaan om chique zoutjes te kopen. Dat doe je als er een Prins op bezoek komt. Zo staat er ook in de ijskast roze champagne, van zijn eigen merk nog wel.

'Nu heb ik een droom die steeds terugkeert. Zal ik die maar voorlezen?'

Ik knik.

DE DROOM VAN DE GUILLOTINE

'Ik lig met mijn hoofd onder de guillotine, wacht op het mes, ben benieuwd wat ik nog zal zeggen als mijn hoofd eraf is en dan word ik wakker. Deze droom had ik twee dagen geleden, maar hij komt vaker voor. Ik lach er dan om met enkele goede vrienden en ik denk: wat jammer, nu weet ik niet wat mijn laatste woorden zijn als mijn hoofd eraf is.

Twee vragen: waarom komt die droom steeds terug en waarom word ik wakker voordat het gebeurt?'

'U heeft tegen vele mensen gezegd: ik ben beter geworden door God, de dokters en mijzelf. U bent een gelovig mens, dat wil zeggen, u gelooft op een bepaalde manier in God. Tevens heeft u ontzag voor uw artsen. Maar u weet zeer goed dat u uw leven te danken heeft aan uw eigen wil om door te gaan.

Daarom denk ik dat het helemaal niet jammer is dat u wakker wordt voordat het mes valt. In uw lange leven heeft u herhaaldelijk als het ware met het hoofd onder de guillotine gelegen. Vaak waren er levensbedreigende situaties. De droom geeft aan dat dit weliswaar steeds voorkwam (en in de toekomst wellicht weer zal voorkomen), maar dat u nog geenszins van plan bent uit dit leven te stappen. Want, zo zegt u tegen uzelf: "God, de dokters en ikzelf houden mij in leven. Maar waarom? Omdat ik nog opdrachten, missies te vervullen heb. Ik wil mij nog nuttig maken."

Daarom droomt u dit telkens weer en wordt u steeds wakker voordat de bijl valt.

Goddank, zou ik zeggen.'

De Prins is tevreden. Buiten wordt het donker. De chauffeurs slenteren wat door de tuin. Het wordt een vredige avond, nergens dreigt gevaar.

'Waarom heb ik toch nooit nachtmerries?' vraagt de Prins opeens. 'Komt dat omdat ik zo naïef ben, dat ik geen gevaar zie? Ik ben alleen bang om te verzuipen. Dat is mij één keer bijna overkomen bij diepzeeduiken en dat was allerverschrikkelijkst. En ik ben ook een keer bijna gestikt. Zomaar in een stuk vlees. Niet genoeg gekauwd en hup, de luchtpijp in. Het was in Oostenrijk. Er was nota bene een arts bij, maar ik rende naar buiten om lucht te krijgen die ik niet kreeg en niemand wist dat je zo iemand moet optillen en keihard op het middenrif moet slaan. Ze sloegen maar op mijn rug en ik dacht nog: wat een belachelijke manier om dood te gaan. Tot iemand zo helder was dat hij wel op mijn middenrif sloeg en *ploep*, daar kwam het brok vlees naar buiten.'

'Er wordt vaak gezegd dat u naïef bent, maar daar geloof ik niets van. U bent een moedig man. Moedige mensen zijn niet bang voor irreële dingen. Irreële angsten veroorzaken nachtmerries. Stikken en verdrinken zijn reële angsten, het is u bijna overkomen.

Dappere mensen met een positieve levensvisie hebben geen nachtmerries. En zo bent u. Punt uit.'

'En waarom heb ik geen erotische dromen?'

'Er zijn twee mogelijkheden. Of u hebt ze wel degelijk, maar u houdt ze lekker voor u omdat u best begrijpt wat ze betekenen, óf u hebt ze niet omdat u genoeg erotiek in het dagelijkse leven meemaakt. Denkt u aan Freud en zijn gezegde: "De droom is een wensvervulling". Dat, waar je voldoende van hebt, daar droom je niet van. Die oom over wie ik u al vaker vertelde, de Engelandvaarder, zei eens: "Je denkt misschien dat soldaten aan het front dromen van mooie meisjes en seks. Niets is minder waar. Een soldaat aan het front droomt bibberend in zijn loopgraaf van een heerlijk warm bed en van een sappige biefstuk met gebakken aardappels."

'Dus u mag zelf invullen welk van de twee het is.'

'Geen commentaar,' zegt de Prins.

Ik gooi een vers houtblok in de haard om het verblijf nog even te rekken.

Tevergeefs. De Prins staat op. 'Ik ga. Ik neem wel die thermosfles mee voor een volgende keer. De dop mag je houden. Kun je gebruiken voor de champagne die je voor mij gekocht hebt en die jullie samen gaan opdrinken.'

O, o, hoe raadt hij dat nu weer. Ik trek de ijskast open en laat de fles zien. 'Dacht ik wel,' zegt de Prins: 'je bent een goede gastvrouw, tot spoedig.'

Twee zoenen en weg is hij.

De auto's zoeven achter elkaar ons pad af.

Terug naar Soestdijk.

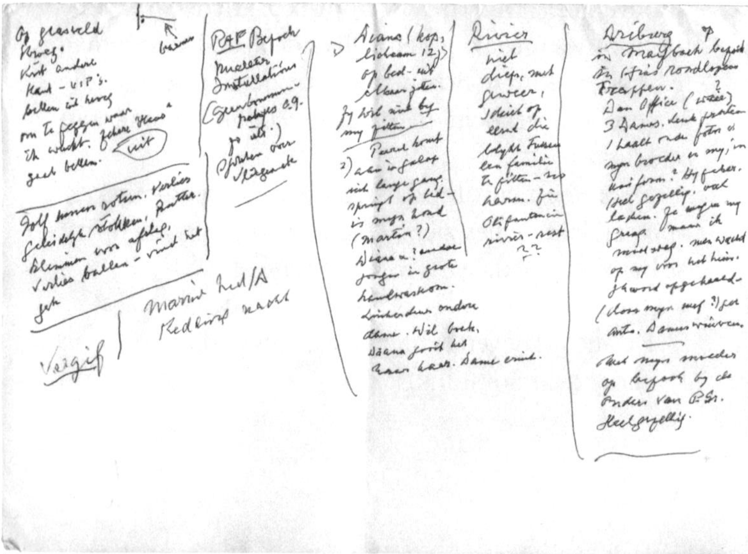

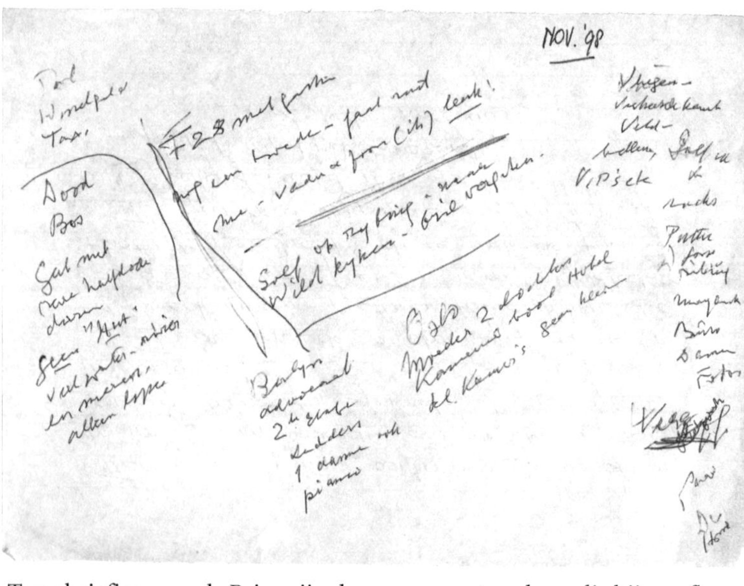

Twee briefjes waar de Prins zijn dromen op noteerde en die hij na afloop meegaf aan Karin de Korte

VII

DE DROOM OVER HET KONINGSCHAP

De volgende keer ben ik weer in Baarn. Het is najaar 1998. De Prins komt direct ter zake.

'Ik heb een zeer speciale droom gehad en ik kan er geen touw aan vastknopen. Daarom wil ik hem je nu direct vertellen.

Ik ben in een bosrijke omgeving. Op de achtergrond is een groot huis. Het zou mijn vroegere huis in Polen kunnen zijn, alleen klopt de omgeving daar niet mee. Aan drie kanten zijn er hagen om het terrein. Ik ben omringd door een groep makkers, vrienden. Het zijn er niet veel. Het is duidelijk dat ik de leiding heb. Ik ben de primus inter pares. Iedereen draagt ouderwetse hoeden met pluimen.

Dan komt er een grote groep manschappen aan. Veel groter dan mijn gezelschap. Ook zij hebben hoeden met veren. Ik weet bij voorbaat dat het onbegonnen werk is tegen deze overmacht te vechten. Ik stel mijn mannen gerust door te zeggen dat ze zich terug kunnen trekken in het huis om zich daar zo'n beetje te verdedigen.

Ik heb er niet zoveel fiducie in.

Eén man maakt zich los uit de grote groep tegenstanders. Dat moet de koning zijn, denk ik, daar moet ik naartoe. Kordaat stap ik op de man af. Ik groet hem beleefd. Hij groet niet terug, maar draait mij de rug toe. Ik ben verbaasd. Plotseling keert de koning zich om en grijpt zijn degen. Ik doe ogenblikkelijk hetzelfde.

We stoten de degens in de hartstreek. De degen van de koning komt tot in mijn hart. Mijn einde is nabij. Maar mijn degen komt slechts halverwege. Als ik doodga moet hij ook, dat weet ik zeker. En ik stoot en stoot door tot de koning neervalt.

Dan ben ik plotseling niet meer in het daadwerkelijke gevecht, maar ik lees in een boek over het duel. Ik wil erachter komen of ik ook doodga, maar hoe ik ook door het boek blader, ik vind die passage niet.

Dan word ik wakker. Teleurgesteld, omdat ik niet weet of ikzelf nog leef, maar blij dat ik de koning om zeep heb geholpen. Die ouderwetse koning met zijn manschappen om hem heen, daar ben ik tegen. Vanbinnen voel ik dat het anders moet.'

'En nu vraagt u mij om de verklaring.'

'Ja, want zoals gezegd, ik kan er geen touw aan vast knopen.'

'Kan het zijn,' vraag ik, 'kan het zijn dat u zich in de droom niet tegen één persoon verzet, namelijk de koning, maar tegen de hele groep die hem omringt? Een en ander klopt wel met wat ik van u begrepen heb over uw opvattingen. U bent niet tegen het koningschap op zichzelf, maar wel tegen alles dat riekt naar ouderwets en conservatief. Is het mogelijk dat de ouderwetse uniformen en de hoeden met pluimen en de degens daar symbool voor staan?'

'Ach,' zegt de Prins, 'volgens mij kan het wel anders, en als je iets anders wilt moet je het gevecht aangaan, dat bedoel je?'

'Ja, en begrijpt u nu waarom de koning u vóór het gevecht de rug toekeerde? Een gevestigd koningschap wil niet horen van hervormingen en keert zich juist van iemand met andere ideeën af. Vriendelijk en beleefd attaqueren heeft geen zin. Het zal met harde hand moeten. U hebt echter maar een kleine groep vertrouwelingen om u bij te staan. U bent klein, maar dapper. U wilt uw manschappen niet blootstellen aan het gevaar. Dierbaar is in de droom dat u de manschappen stuurt naar uw ouderlijk huis. Daar zullen ze wel veilig zijn. U moet een liefdevolle, harmonische, warme jeugd gehad hebben. En een bijzonder lieve moeder. Anders stuurt u uw mannen niet naar dat huis om "zich daar zo'n beetje te verdedigen". Ik zie dat als: "Ga maar naar mijn moeder, daar ben je veilig en dit gevecht moet ik alleen aangaan." U schuwt de strijd niet en besluit het persoonlijk met de koning uit te vechten. De vergelijking met David en Goliath dringt zich op. Deze droom lijkt sterk op die van oktober 1997. Daarin moest u als Prins Von Lippe uw mannetje staan tijdens de jacht. Dat lukte u. In deze droom ligt het ingewikkelder. U weet niet hoe het afloopt. U bladert in het boek, doch u kunt het niet vinden. Logisch, u weet nog niet hoe het zal gaan. Ik neem aan dat u denkt aan kroonprins Willem-Alexander. Als alles loopt zoals men denkt wordt hij de volgende koning. Bent u daar bang voor?'

'Nee, ik heb je toch al vaker gezegd dat ik nooit bang ben. Ik voel mij meer bezorgd. Van ganser harte wil ik helpen om het nieuwe koningschap te ondersteunen. Maar, zoals de droom zegt, ik ben maar met zo'n klein groepje. Ik weet waarachtig niet hoe alles zal gaan met het nieuwe Europa. Alex heeft nog geen vrouw. Op een dag zit daar Alex op de troon, misschien wel zonder echtgenote... Koning van Nederland. Van Nederland? Wat is Nederland dan nog? Een pieterstukje Europa. Hij zal het moeilijk krijgen. *Uneasy, uneasy lies the head that wears a crown.*

Ik maak mij echt grote zorgen.'

Peinzend kijkt de Prins voor zich uit. Het blijft niet lang stil. Hij ritselt wat met een papiertje en daar komt de volgende droom.

DE DROOM OVER HET SCHIP EN DE WOESTIJN

'Ik meer aan met een prachtig schip aan de rand van de woestijn. Ik kan niet van het schip af. Ik kan me wel vrij bewegen. Een goede vriend van mij zit in een hut opgesloten en hij kan er onmogelijk uit.

Deze droom lijkt absoluut niet op de vorige, maar ik had hem diezelfde nacht. Het is maar een korte droom, maar ik voel dat hij belangrijk is, net als de vorige overigens.'

Ik vraag: 'Hebt u vrienden die in de penarie zitten? Vrienden die het moeilijk hebben in het leven, die vastzitten, niet verder kunnen gaan?'

De Prins schudt het hoofd. 'Maar weet je, Kokkie zei dat ik misschien zelf die vriend ben. Kokkie denkt dat ik me hier opgesloten voel; maar ben ik dan een dubbele persoonlijkheid, dat ik enerzijds droom dat ik vrij kan rondlopen op het schip en anderzijds dat ik ben ingesloten in een hut?'

'Ik denk dat juffrouw Gilles het prima heeft aangevoeld. Heel vaak staat een goede vriendin of vriend in een droom voor het innerlijk leven van de persoon zelf.

U droomt dat u vastzit op een schip, het is prachtig, maar u kunt er niet af. En u wilt juist zo graag de wijde wereld intrekken, de woestijn in, maar het lukt niet. Dat moet vreselijk frustrerend zijn. Uw beste vriend is er nog erger aan toe: hij kan niet eens zijn hut uit. In dit geval staat uw "vriend" volgens mij voor uw diepste gevoelens, uw hartstocht, gevoelens van liefde voor het leven en voor bepaalde medemensen.

Laten we kijken naar de vorige droom. U wilt de kroonprins helpen. Dat kan niet vanaf een schip waar u opgesloten zit.

De boodschap die de droom u geeft is dan ook volgens mij dat u zich niet moet laten ringeloren. In de realiteit treedt u toch ook steeds kordaat op. Als u naar Zuid-Afrika wilt om daar een missie te volbrengen dan doet u dat. Het is alleen wat lastiger als het uw directe omgeving en uw familie betreft. Dan hebt u misschien wel eens het gevoel in een luxe gevangenis te zitten. Of vergis ik mij?'

De Prins bromt wat. Ik pik er de woorden uit: 'Kokkie heeft gelijk' en: 'Ik moet mijn eigen gang gaan, ze kunnen me niets verbieden.'

Ik voeg daar nog aan toe: 'Als u niet van het schip af

kunt is het altijd mogelijk mensen bij u op het schip te laten komen.'

'Ja, ja, maar dat lost mijn problemen zoals met Alex nog niet op. Daar moet ik toch echt voor naar buiten treden en er is nog zoveel meer, maar daar ga ik je niet mee vermoeien.'

'De kroonprins zal zeker een vrouw vinden die uitstekend bij hem past, daar ben ik van overtuigd,' zeg ik nog.

'Jij bent ook geen toverfee die dat even kan regelen.'

'Nee, maar dat hoeft ook niet, ik heb alle vertrouwen in de kroonprins zelf.'

En dan zit onze tijd er weer op, de Prins laat mij uit en we zetten een afspraak in onze agenda's voor over een paar maanden.

VIII

SOMBERE DROMEN

Het is voorjaar 1999. De Prins ziet er vermoeid uit. 'Dit is eigenlijk geen leven, ik loop hier maar zo'n beetje rond en ik kijk televisie en los kruiswoordraadsels op. Vind je dat nog de moeite waard?'

Dat is uiteraard niet een vraag die de Prins mij moet stellen, maar zichzelf. En daar draait het ook om.

'U hebt toch nog allerlei plannen, u wilt naar Zuid-Afrika, u bent druk in de weer met de Peace Parks en komende zomer gaat u vast weer naar Italië.'

'Ach, ik denk dat ik genoeg begin te krijgen van al die ziektes. Dan ben ik weer eens genezen verklaard en de volgende maand is er weer iets anders. En zeg me nou niet: dat hoort bij je leeftijd, want dat wil ik niet horen.'

Dus zeg ik het niet, het is ook zo'n geweldige dooddoener. In plaats daarvan vraag ik naar dromen. 'Hebt u nog iets opgeschreven?'

En dan blijkt dat de Prins in zijn dromen behoorlijk somber is. Zoals in de vorige dromen is hij ook nu weer aan het vechten, maar hij wint niet, hij wordt vastgezet in een Dakota, maar weet niet te ontsnappen, kortom dromen die wijzen op een groot innerlijk conflict en gebrek aan levenslust. Totaal niet wat ik van de Prins gewend ben.

'Ach, het komt allemaal door die vervelende *tube* in mijn keel. Je hebt het wel gelezen in de krant. Als klein kind heb ik al eens een buisje in mijn keel gekregen. Ik had acute ademnood en ik ben op de keukentafel thuis opengesneden. Je zou denken dat ik eraan gewend moet zijn, maar dat is niet zo. Er zit nu een zilveren buisje in met een klepje en dat geval hindert me enorm. Het moest helpen tegen kortademigheid, maar ik hijg als een oud karrenpaard. En ik kan ook niks meer. Niet golfen, want ik kan het balletje niet meer zien. Niet jagen, maar dat deed ik toch al niet meer met plezier. Ik wil dieren redden, niet meer doden. Door problemen met mijn netvlies kan ik niet goed meer richten en dan zal ik toch ineens een van mijn mensen in zijn bil schieten, haha.'

Daar komt weer iets van de oude humor terug. Maar zijn opsomming gaat door. 'Niet meer vliegen, geen autorijden, als een baby vervoerd worden, niet paardrijden, geen boeken meer lezen, alleen krantenkoppen. Alles is over. Met die tube kan ik ook niet waterpolo spelen, wat ik elke dag deed. En weet je wat de artsen nu zeggen? Ik moet wandelen. Dat is gezond, buiten wandelen. Wie heeft daar nu zin in, zomaar alleen, ik ben toch geen monnik die met een boek door zijn tuin wandelt?'

Ik wil direct met hem mee. Het zonnetje schijnt en ik wil ook graag naar buiten, de tuin ziet er uitnodigend uit. Maar dat kan niet, volgens de Prins. Overal loert het gevaar. Stel dat er paparazzi tussen de struiken zitten, dan heb je zo een stuk in zo'n blad. We kunnen toch in de achtertuin wandelen? Daar ziet niemand ons. Maar nee, de Prins wil ook een frisse neus halen, maar zelfs de achtertuin van Paleis Soestdijk is veel te gevaarlijk. Gek, ik kom toch openlijk met mijn auto voorrijden en daar doet niemand moeilijk over. Kennelijk kleeft er een trauma aan dat wandelen.

Ons gesprek is kort vandaag. De Prins heeft echt moeite met praten. Hij duwt me nog wat kriebelig geschreven dromen in de hand en zegt dat ik maar moet faxen.

Bij de deur zegt hij: 'Je komt toch wel terug? Als die tube eruit is over een paar maanden, praat ik makkelijker.' Natuurlijk beloof ik dat ik terugkom, maar ik ben er niet gerust op.

IX

NOG EENMAAL BIJ MIJ THUIS

In het vroege voorjaar van 2000 komt de Prins nog eenmaal naar ons huis. Hij kondigt dit een paar dagen van tevoren via de telefoon aan en het komt prima uit. De Prins zal om vijf uur komen, hij neemt weer champagne mee en als ik de haard aandoe zal hij zorgen voor een paar mooie dromen. De Prins klinkt opgewekt, zelfs vrolijk.

Nu wordt er net in die dagen een nieuw grasveld bij mij aangelegd. Ik maak me nergens zorgen over, want het is een klus voor twee dagen en dit is de tweede dag. Tuinlieden houden er altijd mee op om vier uur. Dus die zijn weg als de Prins komt.

Had ik gedacht. Want om vier uur gaat de bel. Tot mijn grote schrik is dat de Prins.

Ik heb me wel al keurig aangekleed, maar de haard is nog niet aan en de kamer is nog rommelig. Tot overmaat van ramp heeft mijn hovenier, die zag aankomen dat het werk meer tijd in beslag nam dan voorzien, vier extra mannen na werktijd gestuurd om voor het donker de grasmat perfect op te leveren.

Help!

Zes mannen in overall die door de tuin banjeren. 'Bodyguards?' vraagt de Prins argwanend. 'Nee, tuinmannen,' zeg ik. Maar hij gelooft me niet. Zes tuinmannen in zo'n klein tuintje. De Prins wil de gordijnen dicht. We doen dat samen, maar laten toch een stuk van de ramen onbedekt. Het staat heel vreemd om bij klaarlichte dag een kamer te verduisteren. Bovendien merk ik dat de tuinlieden totaal niet geïnteresseerd zijn in wat daar binnen gebeurt. Ik rommel met de haard, met hulp van de Prins krijg ik hem aan en hij blijft doorbranden.

'Zie je niets aan mij?' vraagt de Prins.

'U ziet er vrolijk uit, monter zelfs.'

'Ja, maar zie je niet hoe dat komt? De tube is eruit!'

En warempel, nu zie ik dat het zilveren klepje verdwenen is en dat er nu een gaasje op die plek zit. Waarom heb ik dat niet in de krant gelezen? Is dat dan niet gepubliceerd? Ik begrijp ineens waarom de Prins zo vrolijk is. Dat zilveren buisje met dat klepje zat hem enorm dwars. Hij praat nu ook makkelijker, hoewel hij zo nu en dan met zijn hand naar het gaasje grijpt om het op zijn plaats te duwen. Ik feliciteer de Prins. Hij zegt lachend: 'Straks moet er wel een nieuw gaasje op, dan is deze nat, durf jij dat of moet ik een van mijn mannen roepen?' Natuurlijk durf ik dat.

Dan begin ik over thee.

'Ach, mensch, het is inmiddels halfvijf, doe die champagne maar open.' Het glas van Soestdijk staat al klaar. De Prins weet het nog. Wat knap toch, dat zijn kortetermijngeheugen nog zo goed werkt. Dat alles van vroeger nog ligt opgeslagen in zijn hersencellen verbaast mij niets, maar een man van bijna negentig die dit soort kleine dingen uit het recente verleden nog weet, dát vind ik bijzonder.

Om vijf uur vertrekken de 'bodyguards'. Merkwaardig dat de zes tuinmannen mijn hoge bezoek niet doorhebben. Ze laten althans niets merken.

Eindelijk ontspant de Prins een beetje.

'Zo, en nu heb ik een nieuw gaasje nodig. Ik heb schone bij me. Moet je even deze eraf halen en de nieuwe er zachtjes opdrukken.' Gek dat ik toch bibber. Een prinselijke keel blijkt voor mij iets anders te zijn dan de keel van een van mijn kinderen, van mijn man of van mijn ouders. Maar het gaasje komt netjes op zijn plaats en de Prins is tevreden.

'Zeg eens,' begint hij dan plompverloren, 'hoe vaak ben jij vreemdgegaan?'

'Nul keer,' zeg ik naar eer en geweten.

'Dat kun je niet menen, nooit een vriendje?'

'Tuurlijk wel, ik heb vriendinnen en vrienden, maar dat is iets anders dan vreemdgaan.'

De Prins moet hier even over nadenken. Hij zucht, bekijkt mij nog eens van top tot teen.

En trekt dan zijn conclusie. 'Oké, nooit vreemdgegaan, ik zal je maar geloven, maar dan is jouw man de prins van je dromen en ik ben je droomprins.'

'Die houden we erin,' roep ik enthousiast en inderdaad zal ik dit ook schrijven aan koningin Beatrix in mijn condoleancebrief na het overlijden van de Prins.

Dan komt de Prins terug op zijn bezoek aan de notaris. Ik zeg heel snel dat ik niets wil weten over die dingen, omdat ik zijn droompsycholoog ben en hij dus mijn droomprins. Maar hij kan het niet laten en vertelt dat hij met de notaris geregeld heeft dat na zijn overlijden zijn geld en de goederen verdeeld zullen worden over al zijn dochters. Wel, daar is niets vreemds aan.

'Zes dochters,' zegt de Prins langs zijn neus weg. Zes? Ik dacht vijf. Vier van prinses Juliana en één buitenechtelijke dochter van een mooie Française. 'Ik heb ook nog een dochter in Amerika. Dat weet bijna niemand en ik wil ook niet dat je het verder vertelt. Na mijn dood zal het duidelijk worden. Ik loop met een plannetje rond om als ik het hoekje om ben iedereen nog eens te laten genieten van de Prins die wel een deugniet was, maar toch deugde.'

Oeps, denk ik, de Prins is kennelijk bezig zijn memoires vast te leggen op band en die band wordt dan vrijgegeven na zijn dood. Ik vergiste me weer eens. De Prins zou het briljanter doen. Van 2001 tot 2004 zou hij de heren Broertjes en Tromp van *de Volkskrant* bij zich laten komen om deze 'geheime' verhalen op te tekenen en op band te zetten. Een paar weken na zijn bijzetting werd het interview gepubliceerd.

Daarom kan ik hier nu rustig vermelden dat de Prins mij in 2000 toevertrouwde dat hij ook een dochter in Amerika had. Heel Nederland weet het inmiddels.

'Zo, en nu wil ik eens een evaluatie. Dat hoort toch bij psychologen? Ik heb een behoorlijk aantal dromen aan je verteld en die heb jij uitgelegd en ik heb weer mijn commentaar gegeven, maar wat is nou je conclusie? Wat ben ik voor man? Wat komt er als grote gemene deler uit al die dromen?'

'Evalueren is iets dat je samen doet,' zeg ik. 'U bent erg benieuwd naar mijn conclusies en ik ben zeer nieuwsgierig of u iets heeft gedaan met de boodschappen uit uw dromen en zo ja, wat u ermee heeft gedaan. Maar ik zal beginnen.

Allereerst valt in bijna alle dromen op dat u niet bang bent. Nachtmerries kent u niet, maar u toont ook duidelijk nooit angst in een droomsituatie waarin grote, sterke kerels tegenover u staan, of waar de overmacht van de natuur zeer groot is. Dit maak ik niet vaak mee. Bijna iedereen die mij zijn dromen heeft verteld praat wel eens over angst en wegrennen voor het gevaar. Maar u doet dat nooit. In de paar sombere dromen die u me vertelde had u het wel over weggedrukt worden. Of opgesloten worden, maar daar was geen angst bij, alleen ergernis.

Dit is voor mij het allerbelangrijkste dat ik uit uw dromen haal. De ridder zonder vrees.'

'Dan zul je verbaasd zijn over de droom die ik je straks ga vertellen. Maar eerst graag nog wat meer evaluatie.'

'De band met uw moeder speelt in veel dromen een belangrijke rol. Ik kan niet anders concluderen dan dat de moeder-zoonrelatie optimaal was. Zij staat in uw dromen altijd positief sturend achter u, er is geen ogenblik dat zij boos is. Of dat zij u drijft naar een bepaald doel dat zij voor ogen heeft. In uw dromen komt uw moeder regelmatig voor als de reddende engel. Zij kon ook blijkbaar goed met uw temperament omgaan, want u was soms een behoorlijk driftig mannetje.'

En dan kom ik ineens op het idee: 'Als ik uw dromen eens opschreef in een boek? Is dat geen goed plan? De mensen laten zien dat er nog een andere prins Bernhard bestaat dan die over wie ze al zoveel gelezen hebben? Een prins Bernhard met een ziel, met emoties. Een dappere man, die dol was op zijn moeder, die houdt van zijn gezin en die een hechte band heeft met zijn kleinzoons.'

'Een boek over mijn dromen,' zegt de Prins, 'goed idee, maar ik zou het niet doen.'

'Hoe bedoelt u?' vraag ik.

'Er zitten risico's aan. De mensen zullen denken dat je alles hebt verzonnen. Of dat ik die dromen heb verzonnen. En bovendien, geen hond zal het lezen. Dat boek kan je aan de straatstenen nog niet kwijt. Mijn dromen, wat stellen die nou voor?'

'Mijn bedoeling is een andere kant van prins Bernhard te belichten. Ik heb u tijdens onze gesprekken en de droomuitleg veel beter leren kennen. Er zijn facetten in uw persoonlijkheid die nergens in publicaties aan de orde komen.'

'Zoals?'

'U weet toch wel wat ik bedoel. We hebben het er al eerder over gehad. Steeds komen er weer boeken uit die geschreven zijn door weliswaar knappe mensen, maar ze hebben geen woord met u gewisseld. Ik heb altijd geleerd dat je de zaken bij de bron moet verifiëren. Die bron bent u. En dat is meestal niet gebeurd.

De verhalen over u zijn vaak zo negatief. Het lijkt of de schrijvers zich niet echt willen verdiepen in uw geest, uw ziel. Dat wil ik nu juist wél doen. Ik zou het geweldig vinden mensen kennis te laten maken met uw innerlijke leven. Dat zal een prachtig tegenwicht bieden aan de negatieve publicaties.'

Dit verhaal spreekt de Prins wel aan. Tien minuten later is de zaak beklonken. Een handtekening is niet nodig, vindt de Prins. Hand erop, dat zal het zijn. Mondelinge toezegging is ook rechtsgeldig.

'En geen kletskoek vertellen, hè, alleen de dingen die echt gebeurd zijn.'

'Uiteraard,' zeg ik.

Daar laten we het bij.

De Prins vertelt zijn droom.

GERED DOOR EEN OLIFANT

'Ik ben in Afrika, in een wildpark. Maar ik ben alleen en ik loop. Dat zijn twee dingen die nooit mogen gebeuren. Men trekt niet alleen een wildpark in en men zit altijd veilig in een jeep of een ander soort auto. Maar goed, ik loop alleen met een geweer over mijn schouder. Opeens staat er een leeuw voor mij. Ik schrik. Denk: wat zal die leeuw gaan doen? Schieten kan niet meer, de leeuw is te dichtbij. Dan is er ineens aan mijn rechterkant een poema. Poema's zijn lief, denk ik. Deze zal me niets doen en op dat moment komt er een tijger van links. Nu ga ik het toch wat gevaarlijk vinden. Bang ben ik niet. Die dieren moeten toch voelen dat ik ze geen kwaad wil doen. Dat ik miljoenen in ze geïnvesteerd

heb om ze te laten leven? Nou, dat hebben ze toch niet helemaal in de gaten. Het is ook wel naïef van mij om dat te denken. De leeuw begint te grommen en de tijger is ook niet veel vrolijks van plan. In het Engels spreek ik ze toe dat ze zich rustig moeten houden. Ik doe ze niets aan, dan hoeven ze mij ook niet aan te vallen. En dan, plof... plof... plof hoor ik de zware poten van een olifant die elke keer met een dreun op de grond komen. Ik durf niet om te kijken, want ik wil het oogcontact met de leeuw, de tijger en de poema houden. Dan, hups, steekt de olifant zijn slurf onder mijn zitvlak en hij tilt me zomaar omhoog. Ik sla mijn beide armen om de slurf en zo lopen we weg, het bos in. De leeuw, de tijger en de poema doen niets, ze blijven gewoon staan.

Dan word ik wakker.'

'U hebt helemaal gelijk. Deze droom is een sprekend voorbeeld van het feit dat u geen angst kent. En naïef? Tja, je zou kunnen zeggen dat het naïef is te denken dat die dieren begrijpen dat u miljoenen in ze geïnvesteerd hebt. Maar we moeten niet vergeten dat het gaat om droomtaal. En in dromen gebeurt nu eenmaal alles in symbolen. En als droompsycholoog zou ik uiteraard erg graag willen weten waar die dieren symbool voor staan. U hebt een speciale band met olifanten, getuige al die olifantenmotieven in Paleis Soestdijk. Maar wat betekenen die drie prachtige roofdieren? Waar staan zij symbool voor? Kunt u een tipje van de sluier oplichten?'

'Wel,' zegt de Prins, 'ik denk dat ik in mijn droom de boel een beetje door elkaar haal. Diep in mijn hart heb ik het gevoel dat roofdieren, ook als ik ze alleen tegenkom, me geen kwaad zullen doen. Maar ik denk dat ze hier symbool staan voor alle agressie die op me af komt als ik mensen benader om geld te geven voor de Peace Parks. Ik droom toch niet voor niets dat ze me niet mogen aanvallen, omdat ik miljoenen in ze heb geïnvesteerd? Dat geld speelt een grote rol. Zonder geld geen Peace Parks. En je zult het niet geloven, maar zelfs heel rijke vriendjes van mij laten via hun secretaresse weten dat ze me geen cent zullen geven voor mijn ideaal en dat van Anton Rupert. Ik denk dat dit de betekenis is van het gegrom om mij heen. Ik merk soms echt, als ik ergens kom, dat mensen denken: daar heb je hem weer, die bedelaar. Komt hij weer geld vragen voor die stomme beesten. Terwijl hij ze vroeger zelf doodschoot.

Daar hebben die mensen gelijk in. Maar waarom krijg ik niet de kans mijn fout in te zien? Ik zie nu dat alle dieren in Afrika beschermd moeten worden. En ik praat niets goed, maar toen ik klein was gingen alle volwassen mannen uit mijn omgeving op jacht in Afrika. Een tijgervel voor de open haard, of een leeuwenhuid, dat was chic. Daar kon je trots op zijn, jij had dat dier geschoten. Het is haast niet uit te leggen dat er in die tijd dieren te veel waren. Ze waren een gevaar voor de bevolking, ze moesten teruggedreven worden naar de bossen. En dat is uit de hand gelopen. Veel te laat kwamen we erachter dat alle dieren, of het nu een springbokje of een tijger was, bedreigd waren met uitsterven.

En ivoor,' vervolgt de Prins, 'vergeet het ivoor niet. Iedereen heeft wel iets van ivoor in zijn huis staan.' De Prins heeft gelijk. In ieder gezin zie je toch wel een ivoren olifantje op de schoorsteenmantel staan, of zo'n rijtje olifantjes van groot naar klein op een houten bruggetje. Soms liggen er volledige slagtanden te pronken.

'En wat dacht je van piano's,' zegt de Prins. 'Bij jou thuis staat een vleugel, waarvan zijn die toetsen gemaakt?'

'Die vleugel heb ik van mijn moeder geërfd,' zeg ik, 'en de toetsen zijn ingelegd met ivoor. Daar hoef ik mij niet voor te schamen.'

'Daar gaat het nu juist om,' begint de Prins weer, 'niemand hoeft zich te schamen als hij oude ivoren voorwerpen bezit. De Chinezen maakten prachtige kunstvoorwerpen van ivoor. En denk eens aan de sieraden, broches, kettingen, knopen, de dames zijn ermee volgehangen.'

'Nou, dat valt wel mee,' zeg ik, 'maar ik geloof dat ik u begrijp. Vroeger was ivoor kostbaar, maar ruim voorradig. Tegenwoordig mogen we niet meer werken met ivoor, omdat daar olifanten voor gedood moeten worden en daar zijn er nog maar zo weinig van. Dat bedoelt u toch?'

'Ja, dat bedoel ik en nu erger ik me aan het gegrom van mensen, vooral van rijke mensen, als ik hun vraag een beetje van hun geld over te hebben voor de redding van die beesten en van de natuur. Dat is toch niet zoveel gevraagd? Velen doen mee hoor, maar soms erger ik me kapot, dat mag je best weten.'

De Prins neemt even een slokje. Dit was wel een heel lang verhaal. En ik begrijp hem zo goed. Hij wil in de laatste jaren dat hij nog te leven heeft zo veel mogelijk voor die dieren doen, die hij soms liefkozend 'stomme beesten' noemt.

We gaan helemaal niet in op het feit dat de olifant hem redt. Het is denk ik omdat het ons beiden duidelijk is. De Prins heeft met olifanten een speciale band. Hij vertrouwt ze ook, dat heeft hij me wel eens gezegd. 'Een olifant zal mij nooit vertrappen,' zei hij toen. Dus is het begrijpelijk dat in zijn droom juist dit dier hem redt.

Ik wil terugkomen op de evaluatie.

De Prins is mij weer eens te slim af. 'Andere keer graag, ik moet nu gaan. De rest van de champagne laat ik achter en de dop ook weer. Dan kun je nog eens aan mij denken als ik weg ben.'

En hij vertrekt.

X

HET PRINSLOZE TIJDPERK

Ik zal de Prins lange tijd niet zien. Terecht wil hij zich kalm houden met het oog op het defilé van de oudstrijders in Wageningen op 5 mei.

In plaats van bezoekjes en dromen vindt de Prins nu een weg om mij telefonisch te benaderen. Regelmatig gaat rond lunchtijd de telefoon. De Prins zit dan aan tafel, naar ik aanneem alleen, en hij is hevig geïnteresseerd in mijn lunch. Rond 13.00 uur heb ik ook meestal mijn lunchpauze, dus dat komt goed uit. Het zijn zeer banale gesprekken.

Ik begrijp de reden wel. De Prins zit daar alleen aan zijn mooie tafel te lunchen. Hij zou er graag gezelschap bij hebben, maar dat is er niet. Dus grijpt hij naar de telefoon.

De Prins: 'Wat eet jij voor lunch?'

Ik: 'Een roerei met gebakken cantharellen. Daarbij een bruine boterham en een paar kopjes espressokoffie.'

De Prins: 'Dat klinkt erg lekker. Dat krijg ik hier niet. Zit je daar nou helemaal alleen? Dat is toch eenzaam?'

Ik: ‘Nee, ik voel me helemaal niet eenzaam, want hiervoor was ik aan het werk met cliënten en om twee uur begin ik weer met een nieuwe cliënt. Dit is een heerlijke rustpauze.’

De Prins: ‘Waar is je man dan? Die is toch terug uit Luxemburg, dan kan hij toch met je lunchen?’

Ik: ‘Mijn man is in Amsterdam. Sinds hij terug is uit Luxemburg zijn hem diverse banen aangeboden. Ik zie hem bij het ontbijt en bij het avondeten, maar lunchen doe ik alleen.’

De Prins: ‘Kom een keer bij mij lunchen, dat zou ik gezellig vinden.’

Ik: ‘Dat wil ik dolgraag, maar het lukt me niet. Ik heb maar een uur om te lunchen, daarna moet ik weer aan het werk. Maar ik kan wel een keer komen dineren als u dat leuk vindt.’

Oei, daar zit ik helemaal fout. De Prins is even stil en zegt dan: ‘Dat gaat hier nu eenmaal niet. Ik kan jou niet te dineren vragen. Dat past niet.’

Voor de zoveelste keer realiseer ik me dat er een protocol heerst op Paleis Soestdijk. Meestal merk ik daar niets van, maar op dit moment begrijp ik weer eens heel goed dat dineren met de Prins voor andere mensen is weggelegd. In ieder geval niet voor mij.

We hebben afgesproken dat ik na 5 mei weer naar Baarn zal rijden om de droombesprekingen te hervatten.

Maar helaas, een paar dagen na het defilé in Wageningen ligt de Prins weer in het ziekenhuis in Utrecht.

Half mei bel ik naar Paleis Soestdijk om te informeren hoe het met de Prins gaat. Misschien krijg ik juffrouw Gilles wel aan de telefoon. Zij zal me zeker iets meer kunnen vertellen dan de krantenberichten, die zeer vaag zijn. Maar het is niet juffrouw Gilles met wie ik word doorverbonden, maar de Prins zelf. In het ziekenhuis. Ik schrik vreselijk terwijl ik tegelijkertijd besef dat de Prins met mij wil praten vanaf zijn ziekbed.

Wat zal ik in vredesnaam zeggen? Wie zijn daar bij hem? Artsen, verpleegsters, heeft hij bezoek? Al snel begrijp ik dat prinses Margriet op bezoek is, maar de Prins wil toch even contact met mij. Ik vraag of hij tijdens de narcose nog mooie dromen heeft gehad, doch daar gaat hij niet op in. Dan vraag ik naar zijn gezondheid. Die blijkt goed vooruit te gaan. De Prins denkt over enkele dagen weer naar huis te kunnen. Hij besluit het telefoongesprek uiterst positief: 'Ik ga dit gesprek nu beëindigen, mijn dochter is hier, maar over een paar dagen kun je me gewoon weer bellen op Soestdijk.'

Dat blijkt een illusie. Op 17 mei blijkt er een stukje van een brug uit het gebit van de Prins in zijn slokdarm terecht te zijn gekomen. Dat gebitselement wordt onder narcose verwijderd. Ik zit ademloos voor de tv. Zal de Prins dit overleven? Hij is immers al zo zwak.

Maar waarachtig, op 25 mei mag hij weer van de intensive care af en op 14 juni wordt hij ontslagen uit het ziekenhuis.

Op 29 juni, zijn verjaardag, bel ik hem op. Het is een zeer kort gesprek, maar ik begrijp dat de Prins mij voor de zomervakantie nog graag een keer wil zien.

Hij blijft zich echter slap voelen en onze gesprekken beperken zich tot de telefoon. De Prins richt zich nu geheel op de komende vakantie. Hij heeft het gevoel dat hij in Porto Ercole weer helemaal de oude kan worden als hij kan varen op zijn jacht en vrij is van alle verplichtingen.

Tijdens zijn vakantie belt hij mij, zelfs in ons vakantiehuis in de Provence. Soms duurt zo'n gesprek een paar minuten, maar het kan ook rustig een halfuur of langer nemen als de Prins een droom uitgelegd wil hebben, of als hij gewoon gezellig wil praten over alledaagse dingen. De dromen zijn zonder uitzondering vrolijk, maar niet bijzonder om diep op in te gaan. Ze geven weer dat de Prins zich uitstekend vermaakt in Italië. De Prins praat opgewekt over dingen die we allemaal heerlijk vinden tijdens de vakantie. De vrijheid om te doen en laten waar je zin in hebt. Opstaan op jouw moment, gaan varen als het jou uitkomt. Het klinkt zo simpel. Maar ik begrijp dat dit voor een prins iets bijzonders is. Thuis op Soestdijk wordt er toch een bepaalde regelmaat van hem verlangd. In Porto Ercole en op zijn jacht voelt hij zich zo vrij als een vogel. En dat klinkt duidelijk door in zijn stem en in zijn dromen.

In september komen wij terug van onze vakantie. De Prins blijkt al op mijn antwoordapparaat te staan. Tot driemaal toe. Hij wil mij zien, hij wil een afspraak maken. En waarom ben ik op 3, 4, 5 september nog niet thuis?

Ik bel de Prins direct op de dag dat wij aankomen in ons vertrouwde dorp.

We vinden een dag in oktober.

Het weer werkt aan alle kanten mee. Het verkeer ook. Ik zoef naar Paleis Soestdijk en word allerhartelijkst ontvangen door de valet.

XI

DE DROOM OVER HET PAARD

Ik vind het heerlijk weer in de zonnige kamer te zijn. De Prins komt al snel binnen. Hij komt direct ter zake. Tijdens de zomervakantie heeft hij een paar interessante dromen gehad, waar we aan de telefoon al summier over spraken. Hij leest ze gedeeltelijk voor, en gedeeltelijk vertelt hij ze uit het hoofd.

DE DROOM OVER HET PAARD

'Ik kijk uit mijn raam en zie een zwarte hengst, geheel opgetuigd, op het terras staan.

Wat is dat voor belachelijks, denk ik, waar zijn mijn mensen? Ik doe de terrasdeur open en roep: "Wat moet dat, wat doet dat paard hier?" Geen mens geeft antwoord. Ik ben geïrriteerd dat het paard daar zo staat te schrapen met zijn hoeven terwijl er niemand bij is. Dan komt er eindelijk een stalknecht. Hij zegt dat ik als de bliksem moet opstijgen en dan zal het paard mij vliegensvlug naar Anton Rupert brengen. Het is echt een kolos van een beest en ik kan er alleen met de grootste moeite op klimmen. Gelukkig helpt de stalknecht mij.

Hè, hè, eindelijk zit ik. Ik vraag hoe het is in de stal en of ze niet een kleiner exemplaar hadden kunnen sturen. Maar de stalknecht zegt dat dit niet kan, want alle andere paarden staan met de neus de verkeerde richting uit en krijgen speciaal voer. Ik schrik me kapot. Is juffrouw Hofmans teruggekomen? Die zette de paarden in een andere richting en gaf ze de gekste dingen te eten.

Mijn hengst wacht niet, maar spurt ervandoor. "U moet voor het donker wordt bij Anton Rupert zijn," roept de stalknecht nog, "als het donker is bent u te laat en dan komt het niet goed met de Peace Parks." Totaal in de war word ik wakker. Om te ontdekken dat juffrouw Hofmans al jaren geleden vertrokken is, maar ik ben gewoon moe van het gezwoeg in die droom, de angst dat die vrouw er weer is en het gedoe om me op dat grote paard te hijsen.

Ik had die droom een paar dagen geleden, maar ik was de hele dag moe. Ik wist niet wat er van me verwacht werd. Moet ik naar Zuid-Afrika? Daar loopt alles toch goed? Leg jij die droom maar eens uit.'

Ik begin met het zwarte paard. Zwart in een droom staat meestal symbool voor iets sombers, een verlies, een catastrofe, de dood. Kan het zijn dat het niet goed gaat met Dr Anton Rupert of met zijn vrouw? Dat hij of zij ziek is of iets dergelijks? En dat u denkt dat het niet goed afloopt met de Peace Parks als u niet direct zelf erop afstormt?

De Prins zegt dat Huberte, de vrouw van Dr Anton Rupert, kanker heeft. Dat zal niet goed aflopen. Maar zij heeft niets met de Peace Parks te maken. Dus waarom dan die droom?

Ik zeg dat mevrouw Rupert toch wel heel erg de stuwende kracht achter haar man is. Dus is het niet zo vreemd dat de Prins dit droomt.

Dan legt de Prins zelf de rest uit: 'Ik denk dat het dubbel is. Ik ben heel erg gesteld op Huberte, dus wil ik naar haar toesnellen voordat het te laat is. Je weet dat ik nooit naar begrafenissen ga, ik ga liever afscheid nemen met een fles drank die de zieke vriend of vriendin lekker vindt. Dat is reden 1 waarom ik op het paard klim. Reden 2 is inderdaad wat jij zegt. Als Huberte er niet meer is zal Anton niet meer zo goed functioneren. Dus moet ik ernaartoe om poolshoogte te nemen.

Dat zwart begrijp ik nu ook, want zij zal uiteindelijk aan die ellendige kanker overlijden. Maar waarom een paard? Ik vlieg toch altijd?'

'De zwarte, ongeduldige hengst, die daar zo met zijn hoeven staat te schrapen omdat hij wil vertrekken, staat denk ik symbool voor uzelf. Onbewust wilt u in Zuid-Afrika zijn om daar orde op zaken te stellen, terwijl dit misschien niet kan, omdat u verplichtingen hier heeft. Het paard geeft dus de boodschap dat het hoog tijd is contact te zoeken met de familie Rupert.'

'Ja, nu nog mooier,' bromt de Prins, 'je moet het niet te gek maken. Ik kan toch niet man en paard tegelijk zijn. Ik kan toch niet op mezelf gaan rijden. Dit wordt me toch te gek. Ik ga een heel eind mee in die droomuitleg van jou, maar dit kán niet.

Maar ik wil wel van je aannemen dat de boodschap is dat ik contact moet zoeken. Morgen ga ik bellen.'

Ik begrijp best dat dit voor de Prins een brug te ver was. Ik kan hem van alles uitleggen, maar dat diverse

Van links naar rechts: Rudolf de Korte, Huberte Rupert,
Dr Anton Rupert, Karin de Korte.
Lunch op het terras van het Mount Nelson Hotel,
Kaapstad, februari 2000

symbolen in een droom op een en dezelfde persoon kunnen slaan hebben we nog niet besproken. Behalve dan in de droom over het schip en de woestijn. Daar stond een vriend symbool voor de Prins. Dat kon hij goed volgen. Maar een paard? Dat is te veel van het goede. Ik besluit het zo te laten, het resultaat telt. De Prins gaat bellen naar zijn goede vrienden. Later hoor ik dat het niet goed ging met mevrouw Rupert. Dat had de Prins juist aangevoeld.

De rest van de tijd praten we over ziekte en dood. De Prins maakt mij weer eens duidelijk dat hij nergens bang voor is. Hij is benieuwd naar wat er gaat gebeuren na de dood. Helemaal voorbij kan het niet zijn. We zien elkaar terug, of beleven elkaar op een of andere manier, het zal van een heel andere orde zijn dan dit aardse leven. En dat noemt de Prins zijn geloof.

Toch wil hij graag nog een tijdje door om zijn taken op aarde af te maken. En weer klinkt de zin: God, de artsen en ik gaan proberen de vijfennegentig te halen.

De wil is er, de uitdaging ligt er en nu moeten we zien wat de toekomst brengt.

In een montere bui, de Prins is blij dat hij zijn hart heeft kunnen luchten, brengt hij mij naar de voordeur. 'Voorzichtig rijden,' roept hij vaderlijk. Waar komt dit nu ineens vandaan? Dat heb ik hem nog nooit horen zeggen. Op een vreemde manier doet het me goed. 'Zal gebeuren,' zeg ik en ik rijd zo hard als ik durf de paleistuin uit.

XII

DE VERANDERING

Pas in het voorjaar van 2001 vinden we weer een gaatje in de agenda's om over dromen te praten.

De valet zegt mij dat de Prins mij in een andere kamer verwacht. Ik word niet de vertrouwde tuinkamer in geleid, maar een kamer aan de voorkant van het paleis, waar aan de muren vier grote portretten van zijn dochters hangen.

De Prins kijkt televisie als ik binnenkom. Ik kan niet zo gauw zien welke zender het is, maar het zal wel Discovery zijn. Er schuiven tenminste grote dieren langs. Een leeuw, een giraffe, een antiloop. Ik wacht op de olifant, maar de Prins knipt de buis uit.

'Basta, jij bent hier nu, we gaan over dromen praten.' Hij legt mij uit dat we nu in deze kamer zijn, omdat de andere kant van het paleis geheel voor prinses Juliana is gereserveerd. Jammer, denk ik, die zonnige tuinkamer paste zo bij de Prins. Deze kamer is zo statig en ik voel me ook wat ongemakkelijk, omdat ik het gevoel heb dat de vier prinsessen mij aanstaren. Dat betekent in ieder geval dat het goede portretten zijn, bijna levensecht.

De Prins is een beetje opgewonden. Hij begint niet direct over dromen, maar vertelt mij van alles over vroeger. In een ijltempo komen oud-koningin Wilhelmina, Vadertje Drees, juffrouw Hofmans, Luns, Den Uyl en Lockheed voorbij. Zelfs de Bilderbergconferenties komen aan de orde. Ik begrijp er niets van. Hij sprak nooit over deze zaken met mij, behalve dan over juffrouw Hofmans, omdat ik ernaar vroeg.

Later, na zijn overlijden, begrijp ik wat er vermoedelijk aan de hand was. De heren Broertjes en Tromp van *de Volkskrant* waren toen al in het diepste geheim bezig met een uitgebreid interview met de Prins. Zij kwamen soms op vrijdagmorgen. En ik was er op vrijdagmiddag. Het is dus heel goed mogelijk dat de beide heren die ochtend bij de Prins te gast waren geweest en dat hij daar nog redelijk opgewonden over was.

In ieder geval krijg ik een groot deel van wat ik later in het interview in *de Volkskrant* zou lezen in vogelvlucht te horen.

Ik zit er kalmpjes bij. Ik ben hier niet om dit alles te horen, ik ben in deze kamer om de dromen van de Prins te bespreken en op die manier hem iets duidelijker te maken wat er in zijn onbewuste leeft. Zodat hij die gegevens kan toepassen in het dagelijks leven.

'U bent zo vrolijk vandaag en u ziet er zo goed uit,' zeg ik. 'Ja, wat dacht je, Alex gaat trouwen, de kogel is door de kerk.'

'En wat vindt u van haar?'

Direct weet ik dat ik me op terrein begeef waar ik

niet hoor en de Prins reageert daar steevast op met een plagerijtje. 'Dom blondje, zit niet veel bij, aardig kind, maar geen hersens.'

Wat ben ik toch blij dat ik in de loop der jaren de Prins beter heb leren kennen. Zijn pesterijen en plagerijen kan ik nu goed pareren.

'Dat is dan goed voor de dynastie,' antwoord ik, 'maar ik besef heel goed dat ik buiten mijn boekje ga met te vragen wat u van Máxima vindt.'

'Nee hoor,' vergoelijkt de Prins direct, 'dat mag je best vragen. Ik kan dat plagen alleen niet laten. Het is een tweede natuur van me geworden. Komt door al die journalisten met hun domme vragen. Dan zeg ik soms dingen die haaks staan op wat ik meen. En die mensen schrijven dat dan nog als de waarheid op ook. Dat geloof je toch niet, zoveel stupiditeit?'

Ik geloof het wel en dat zeg ik ook.

'Wat Máxima betreft: ik vind haar een uitstekende vrouw voor Alex. Ze is mooi en slim en die twee zijn echt verliefd, dat kun je merken. Ik ben vreselijk opgelucht dat Alex deze vrouw heeft gevonden. En dat zij niet van adel is doet er niet toe. Dat is zo vreselijk uit de tijd. Het is een jonge, ondernemende vrouw, die met beide benen op de grond staat en bovendien veel warmte uitstraalt. Wat wil je nog meer?'

De Prins staat weer voor het raam. Precies zoals hij deed bij ons thuis. Ik wacht af. Hij zal spoedig wel iets gaan zeggen. En dat komt dan ook.

'Nog eens over dat boek dat jij wilt gaan schrijven. Hoe weet je dat de mensen geloven wat daar staat? Hoe weet je dat ze mijn dromen geloven en dat ik niet maar alles bedacht heb? In allerlei geschriften zijn mijn uitspraken in twijfel getrokken. Alles wat prins Bernhard zegt moet je níét geloven. Ik zou uit een arm gezin komen, ik was een zwak, ziekelijk jongetje, was lid van de nazi's, hield niet van mijn vrouw. Daar kun jij nog in moeilijkheden mee komen.'

'Ach, welnee,' zeg ik. 'Waarom zou u die dromen verzinnen? Om in een goed blaadje te komen staan bij het Nederlandse volk? Maar we hebben pas een jaar geleden afgesproken dat ik een boek ga schrijven over uw dromen en de gesprekken eromheen.

Het zou toch heel merkwaardig zijn als u mij de afgelopen jaren al die keren naar Paleis Soestdijk had laten komen, alleen maar om mij een paar verzonnen dromen te vertellen? En ik heb u inmiddels zo goed leren kennen dat ik u echt geloof als u mij de dromen en zaken eromheen vertelt.'

'Dan ben je een van de weinigen,' verzucht de Prins. 'Ik heb langzamerhand het gevoel dat niemand meer iets van mij gelooft. Daar was laatst weer zo'n journalist die mij vertelde... ja, hij vertelde het mij, alsof hij het zeker wist... dat ik met Juliana een verstandshuwelijk heb gesloten. Moet ik zo'n man dan gaan uitleggen hoe het werkelijk zit, hoe het echt voelde indertijd? Dat is die arrogante man toch niet waard.

Dus ik zeg: als u dat zo zeker weet heeft u zeker in de sterren gekeken of zoiets, maar het is niet waar. En ik ga u ook niet zeggen hoe het wel zit, want dat gelooft u toch niet. En nu ander onderwerp, basta.'

De Prins gaat zitten, tegenover mij. 'Ik wil het jou wel vertellen hoe het echt is gegaan.'

‘En als ik het dan opschrijf gelooft niemand het, dat bedoelt u toch?’

‘Interesseert me eigenlijk niet. Als jij me maar gelooft.’ En de Prins steekt van wal.

‘Ik werd geïntroduceerd bij Juliana, kroonprinses der Nederlanden. Haar moeder stond daarbij. Bij Juliana sloeg direct de vonk over, dat zag ik, dat voelde ik, het was bij haar liefde op het eerste gezicht. Bij mij lag het anders. Ik stond voor het eerst oog in oog met haar. En in die ogen zat het. Daar sprak intelligentie uit, een zekere hooghartigheid en humor. Ja, ik zag direct dat deze jonge vrouw humor bezat. Voor de rest was het wat treurig. Juliana zag eruit als een echte Hollandse vrouw. Goed gevuld, saaie kleren, echt niets aan. Maar die ogen, die bleven mij boeien. En toen we in gesprek raakten merkte ik dat ze ook echt intelligent was. Dat is voor mij het belangrijkste. Intellect is aangeboren, dat kun je er niet bijmaken. Alle rest kun je veranderen en verbeteren. Op die plek, toen en daar, ik zeg het je eerlijk, dacht ik: hier ligt een uitdaging. Deze vrouw is verliefd op jou. Jij bewondert haar intellect en haar humor. Dan kun je gaan proberen haar uiterlijk zo te veranderen dat je dolverliefd op haar wordt. En dat heb ik gedaan. Juliana werd al direct na onze kennismaking slanker en tijdens onze huwelijksreis kreeg zij een prachtig figuur. Ik hielp haar met het uitzoeken van moderne kleding. Zij genoot daarvan. En toen wij terugkwamen van de huwelijksreis was ik echt verliefd op mijn vrouw, die innerlijk al perfect was, maar van wie het uiterlijk nu ook helemaal naar mijn en haar smaak was.’

‘Wie vrijt slijt,’ zeg ik, ‘een wijsheid van mijn moeder.

Ik was ook dikker toen ik trouwde en mijn man dacht dat hij mij wel slanker kon krijgen. Dat was geen enkel probleem. We gingen wonen en werken in Hongkong. Binnen de kortste keren was ik bremslank.'

'Ja, en het gekke is nu dat jij dat rustig kunt vertellen en iedereen zal je geloven maar mij geloven ze niet. Hebben ze toen niet gedaan en doen ze nu, nu de arme Jula helemaal niet meer bij de tijd is, nog steeds niet. Ik ben getrouwd uit berekening, zeggen ze, gespreid bedje en dat soort verhalen. Dat het in die tijd doodnormaal was dat mensen van adel met elkaar in contact werden gebracht, wordt vergeten. Een huwelijk, zoals dat van mijn vader, met een niet-adellijke vrouw, heeft heel wat ellende gegeven. Hoewel uiteindelijk alles goed kwam, maar mijn arme papa heeft er onder moeten lijden.

Dus ja, gekoppeld werd er over de hele wereld. Soms met succes en soms niet. Juliana was echt niet de eerste vrouw van wie werd gesuggereerd dat het een uitstekende echtgenote zou zijn voor mij. Alleen kan ik niet iets beginnen met een vrouw voor wie ik niets voel. Er moet een vonk zijn, een sprankje liefde, een begin van erotiek.

Zonder dat kan ik niets met een vrouw.

Geen schrijver, geen journalist komt op het idee dat zoiets niet mogelijk is voor mij. Allen, zonder uitzondering, beweren dat ik Juliana alleen maar trouwde om macht en geld. Dat ik dus een zeer oppervlakkig mens ben. In het Duits hebben wij daar een woord voor, maar dat zal ik maar niet gebruiken. Dus zeg ik je: ik trek me er geen bal van aan wat ze al die jaren geschreven hebben.

Ik kan alleen iets met een vrouw beginnen als zij bij mij ook een vonk doet overslaan. En dat deed Juliana. Dat kwam al snel en werd intenser tijdens de huwelijksreis.'

Abrupt gaat de Prins over op een ander onderwerp. 'Ik heb nog een droom opgeschreven, die zal ik nu even gaan halen.' Het duurt even, maar de Prins vindt het papier waarop zijn droom staat geschreven.

Het is een keurig geschreven verhaaltje, kort, maar waarschijnlijk krachtig. 'Hier, lees jij maar, mijn ogen doen het niet meer goed.'

'Nou,' mopper ik, 'het ziet er mooi uit, een regelmatig handschrift, maar het leest niet zo makkelijk weg. Hier moet ik echt even op studeren.' En terwijl ik de tekst probeer te ontcijferen zeg ik: 'Kijk, dit handschrift kan ik nu bewaren voor het boek. Dan heb ik een bewijs.'

'Wat heb je met al die andere dromen gedaan?'

'O, die heb ik netjes getypt en daarna heb ik uw papiertjes weggegooid.'

'Weggegooid? Wie smijt er nou koninklijke papieren weg? Die stop je in een safe. Weggegooid, dat heb je zeker ook met dat schilderijtje gedaan dat ik je cadeau gaf?'

'En als ik nu ja zeg?'

'Dan geloof ik je niet.'

'Uw schilderij heeft een ereplaats midden op mijn bureau. Ik vind het te puur om in te lijsten, daar moet ik nog eens over denken. Maar inderdaad, die handgeschreven dromen heb ik niet bewaard. Dat was misschien dom, maar ik was er immers niets mee van plan?'

'Je hoeft die rommelige aantekeningen van mij ook niet te bewaren. Ik dacht alleen aan de tijd dat ik nog sigaren rookte en dat men soms vocht om het sigarenbandje dat eraf kwam. Sommige mensen willen alles van iemand van het koninklijk huis bewaren, maar ik vind het eigenlijk quatsch.'

En dan roep ik: 'Gefopt. Natuurlijk heb ik alle dromen die u hebt opgeschreven bewaard. Al was het alleen maar omdat ik uw handschrift zo interessant vind. Ik ben geen grafoloog, maar het typische van uw handschrift is dat het er zo keurig uitziet en dat het tegelijkertijd heel moeilijk te lezen is. Nu bent u eindelijk eens in een plagerijtje van mij getrapt.'

Goedmoedig zegt de Prins: '*I'm a good looser*.'

De valet komt binnen met champagne en een grote schaal zoutjes en hapjes. Hij pakt de theeboel bij elkaar en dan zegt de Prins: 'Wij gaan elke dag weer waterpolo spelen. Dat kan nu mijn keel weer dichtzit.' Het is de eerste keer dat de Prins in mijn aanwezigheid iets zegt over zijn contact met de valet. Ik waag het erop: 'Wie wint er?' vraag ik. 'Zijne Koninklijke Hoogheid natuurlijk,' antwoordt de valet en prins Bernhard zegt lachend: 'Dat had je gedacht.' De valet schenkt de roze champagne in en ik zeg: 'In ieder geval is het fijn dat u dat weer samen kunt doen, gezellig en gezond.'

'Ja mevrouw,' zegt de valet beleefd. Hij pakt zijn overvolle blad op en verlaat de kamer.

Hij probeert met zijn voet, of zijn elleboog (dat kan

ik niet zien want ik zit met de rug naar hem toe), de deur achter zich dicht te trekken.

Het lukt net niet, de deur blijft op een kier staan.

Dan barst prins Bernhard los. Hij roept dat iedereen toch moet weten dat die deur dicht moet. Hij kan niet tegen tocht. Moet hij nu weer naar het ziekenhuis, of willen ze hem dood hebben?

Ik sta op om de deur dicht te doen. De Prins houdt mij tegen: 'Ga zitten, daar heb ik mijn mensen voor.'

Zo enorm uitvallend om een kleinigheid heb ik de Prins nog niet meegemaakt.

Ik schrik er niet van, de valet blijkbaar ook niet. Want minuten later, als hij zijn blad, naar ik aanneem, veilig in de keuken heeft gezet steekt hij een allervriendelijkst hoofd om de hoek van de deur, zegt: 'Excuses, koninklijke hoogheid', en sluit zachtjes de deur.

'*Was sich liebt, das neckt sich.*'

De zin is eruit voor ik het weet.

Even is het stil. Dan bromt de Prins: 'Ik kan nu eenmaal niet tegen tocht, dat weten ze allemaal, ik word van tocht direct weer doodziek.'

'*Was sich liebt, das neckt sich,*' zeg ik nog een keer, 'mag ik hier iets over zeggen, of wilt u liever dat ik er geen aandacht meer aan besteed?'

'Als je dat zo graag wilt, ga je gang,' zegt de Prins.

'Ik denk dat dit soort dingen regelmatig voorkomt,' begin ik voorzichtig. 'Waarom ik dat vermoed? Omdat uw valet er zo kalm op reageert. Er zullen vast wel meer voorvallen zijn waarin u plotseling uitvalt omdat iets niet precies gebeurt zoals u het wenst. Het frappante vandaag was dat het gebeurde na de eerste keer dat u de valet in het gesprek betrok. U zag dat zelf niet, maar toen u over hem sprak straalden uw ogen warmte uit naar hem. En dat brengt me op uw jeugd. Toen we de dromen bespraken die u over uw moeder had, opperde ik het idee dat u als kind een opgewonden baasje was. Ik heb zelfs het woord driftkikker gebruikt. U ging daar toen niet op in. Maar nu denk ik toch dat ik wel gelijk had. Bij mensen op wie u dol was, waarbij u wel een potje kon breken, permitteerde u het zich ook uit te vallen en bruusk te doen. En dat doet u nog.'

'Och,' zegt de Prins met zijn bekende olijke lachje, 'ik was niet zo'n lieverdje als mijn broertje Aschwin, ik kon behoorlijk lastig zijn en ik wilde vaak allerlei dingen die niet konden. Dat gaf wel eens herrie, ja, en dat is altijd zo gebleven. Ik kan mij ineens verschrikkelijk aan iets ergeren en dan val ik uit. Hier weten ze het van me en mijn vrienden weten het ook. Het hoort bij mij. Moet ik dat nog veranderen op mijn oude dag?'

Ik leg de Prins uit dat hij het van mij echt niet hoeft te veranderen. Hij doet immers alleen maar zo tegen mensen die hij heel goed kent. Die mensen accepteren zo'n uitval, omdat ze weten dat na vijf minuten alles weer pais en vree is. Ik wilde het alleen maar bespreken om een bewijs te hebben dat de Prins heus niet zo'n ziekelijk, stil en verlegen kind was als er wel eens wordt beweerd in boeken en artikelen.

Daar moet de Prins reuze om lachen. 'Ziekelijk en stil? Nooit. Ik was vaak ziek, maar ik kon behoorlijk koppig en lastig zijn, geloof dat maar.

Je kunt het zo stellen: Aschwin was de intellectueel en ik was intelligent. Aschwin was altijd bezig met kunst, muziek, boeken, schilderijen. Ik was en ben bezig met het levende leven, zoals ik het noem. Daarbuiten gebeurt het en niet in het museum.'

O jee, het is weer tijd. En die droom dan? Die krijg ik mee naar huis. Dan kan ik hem daar bestuderen. 'Wel bewaren voor je boek!' roept de Prins nog en de valet laat mij met een brede glimlach uit.

XIII

DE DROOM OVER DE TIGER MOTH

29 juni 2001 wordt de Prins negentig jaar. Maartje van Weegen interviewt hem en tot mijn verbazing zit ze met de Prins in de zonnige tuinkamer. Aan de andere kant ook begrijpelijk, deze omgeving is zoveel vriendelijker dan de kamer waarin ik nu de Prins ontmoet.

Ik stuur de Prins een zelfgemaakte cartoon en ik krijg de volgende dag een telegram met: 'Mijn meest hartelijke dank voor het kunstwerk, Bernhard' als tekst. Wat heerlijk ouderwets, een telegram!

Daarna wordt het een en al telefoneren. Over koetjes en kalfjes, over zijn voorbereidingen voor de vakantie en een enkele korte droom die hij al direct zelf uitlegt. De Prins maakt zich op om naar Porto Ercole te gaan en wij zitten inmiddels in de Provence.

In september maken we pas een nieuwe afspraak.

Het weer is een beetje miezerig, maar ik loop toch vrolijk de trappen op naar het paleis. De handgeschreven droom van de Prins zit in mijn tas en ik denk dat ik een goede uitleg heb.

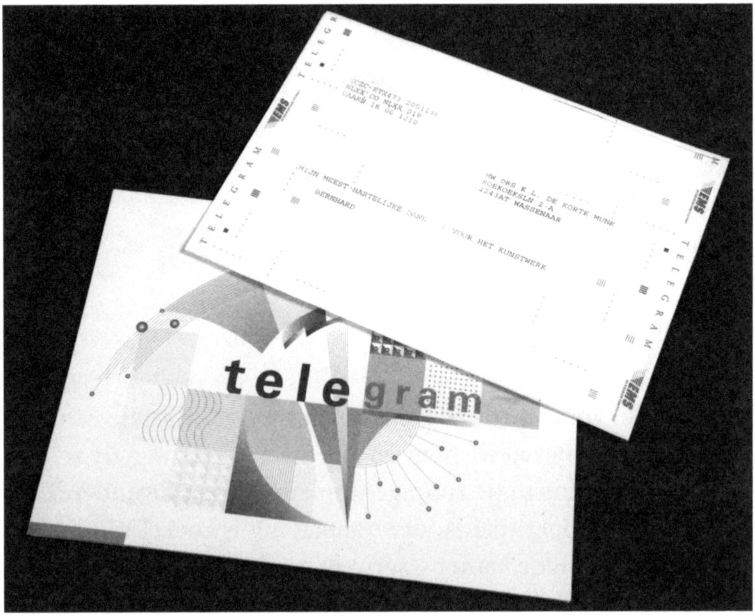

Telegram van de Prins met als tekst: 'Mijn meest hartelijke dank voor het kunstwerk, Bernhard.'

Als ik binnenkom zegt de Prins meteen: 'Zeg, dat knoopje aan je jasje zit los, dat moet je eraan laten naaien.'

'Pardon!' roep ik geprikkeld.

'Rustig maar, ik wijs je alleen maar op iets. Straks ben je die knoop kwijt en vind dan nog maar eens een nieuwe. Dat is volgens mij een handgemaakt pakje dat je aanhebt en daar zijn nooit extra knopen bij.'

Dat is helemaal waar, maar de Prins begrijpt absoluut niet waarom ik zo geprikkeld ben. Gezien onze verstandhouding besluit ik het direct uit te leggen. 'Het zit niet in dat knoopje, het gaat erom dat u zegt dat ik dat even moet laten aannaaien. Wie denkt u dat dit voor mij zal doen? Ik heb geen naaister in dienst. Voor die dingen draai ikzelf op. De enige die deze knoop ooit zal aannaaien ben ikzelf.' Ik trek het jasje uit en hang het over de stoelleuning. 'Weet u,' zeg ik, 'hier hebben we het volgens mij een paar maanden geleden al over gehad. U kunt zonder kwalijke gevolgen uitvallen naar uw personeel. U heeft waarschijnlijk in uw hele leven nog geen knoop aangenaaid. Wellicht nog nooit een ei gebakken. U klaagt wel tegen mij dat de mensen u niet begrijpen, maar tegelijkertijd begrijpt u niet hoe bevoorrecht u bent. Alles wordt voor u gedaan. U hoeft maar te kikken en het gebeurt.

En nu kom ik toch terug op wat het bespreken van de dromen voor u betekent. Evalueren, noemde u dat terecht. Wat kunt u leren uit uw dromen, welke boodschappen kunt u eruit halen?

Kijk, vanuit de waarden en normen gezien waarmee u bent opgegroeid als kleine jongen was dit alles volstrekt normaal en logisch. Ik bedoel dat knopen werden aangenaaid. En dat u waarschijnlijk als kind niet eens wist waar uw kleren lagen, laat staan dat u ze zelf uit een kast kon pakken. Ik zie nu ineens dat u niet een *ver*wend kind was, maar een *ge*wend kind. Het was allemaal gewoon in die tijd. De waarden en normen zijn in de decennia daarop, zeker na de Tweede Wereldoorlog, aanzienlijk veranderd.

Het is fantastisch dat u zo oud heeft mogen worden. Zoiets vergt echter veel van een persoon als hij wil bijblijven in zijn tijd. En zeker voor u, hier in Paleis Soestdijk, met alle oude gewoontes en gebruiken.

Wat u volgens mij uit uw dromen kunt leren is dat u kunt proberen te begrijpen dat de meeste mensen tegenwoordig zelf een deur dichtdoen en…'

'Ja, ik snap het al, en een knoop aannaaien. Zal ik even om een draad vragen en jouw knoop eraan zetten?'

Dat is weer typisch de Prins. Het gesprek mag maar even serieus zijn. Ik zet toch door. 'Denkt u dat het mogelijk is? Dat u gaat beseffen dat in deze moderne maatschappij mensen, ook mensen van adel, steeds minder personeel krijgen en steeds meer zelf gaan doen? U hoeft daar dan beslist niet aan deel te nemen, dat vraag ik niet meer op uw leeftijd, maar u kunt er oog voor hebben en erop letten.

Trouwens, als u buiten uw vertrouwde omgeving bent, zoals toen bij mij thuis, dan doet u al veel zelf. U trekt mijn glazenkast open, pakt er een glas uit, schenkt in en vervolgens redt u mijn stervende haardvuur. Geen valet die u daarbij hielp. Zijn dit een paar dingen die u uit uw dromen kunt leren? Ik bedoel daarmee de alledaagse dromen, die ik niet in het boek dat ik over u ga schrijven zal uitwerken. Dromen waarin u beleeft dat u wordt aangekleed. Dat u naar school wordt gebracht. Prins Bernhard op de fiets? Dat bestond toch niet? Ik denk dat uw dromen en alles wat we daarover hebben opgeschreven u in dit opzicht kunnen helpen. Méér dan de realiteit van alledag. Dromen helpen u het verleden in het heden te beleven. Het exacte gebeuren nú helpt u niet. Als voorbeeld noem ik het loszittende knoopje. Het kwam toch niet bij u op dat ik dat zelf zou aannaaien?'

De Prins kijkt mij wat wazig aan. Toch lijkt hij er iets van te begrijpen. 'Je bedoelt dat die voorbeelden in mijn dromen over vroeger me kunnen helpen met het correct handelen op dit moment?'

'Yes,' roep ik, opgelucht dat het een beetje doordringt.

'Maar mijn hemel, ik wil vijfennegentig worden, ik ben negentig, dan heb ik nog vijf jaar!'

'Toch altijd de moeite waard,' zeg ik enthousiast.

Maar ik ben nog niet klaar met dit onderwerp. Er is mij een licht opgegaan door dat stomme losse knoopje aan mijn jasje.

Ook ik maakte de vergissing dat de Prins verwend was. Zelfs als kleine jongen al. En ik fulmineer tegelijkertijd tegen al die mensen die op die manier over hem schrijven. Het dringt plotseling tot me door dat ik in de jaren dat ik nu bij de Prins te gast ben geweest altijd ben uitgegaan van dat idee 'verwend'.

Ik besef eindelijk dat het geschiedvervorming is als

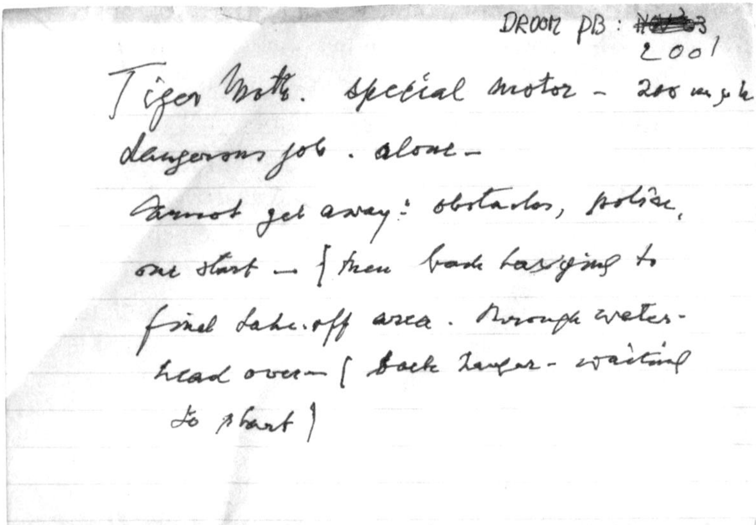

DROOM PB : 2001

Tiger Moth. special motor – 200 mph
dangerous job. alone –
cannot get away: obstacles, police,
one start – [then back taxying to
find take-off area. through water-
head over – [back danger – waiting
to start]

De handgeschreven droom over de Tiger Moth, voorjaar 2001

je de nu nog levende mensen uit het begin van de twintigste eeuw gaat bekritiseren op basis van de waarden en normen van nu.

Dit leg ik uit aan de Prins en ik bied er mijn oprechte excuses voor aan. Hij lijkt blij te zijn met mijn opmerkingen. Zoveel is veranderd, zoveel, dat zelfs het brein van een intelligente negentigjarige Prins niet al die veranderingen kan volgen.

We zijn hier beiden opgelucht over. Daarom kan ik ook met een goed gemoed de geschreven droom uit mijn tas vissen.

'U heeft de droom wel heel summier opgeschreven. Kunt u me er nog iets meer bij vertellen?' vraag ik.

'Geef dat briefje maar even hier. Jawel, ik zit in een Tiger Moth. Hij heeft een speciale motor. Ik moet een gevaarlijke job doen. Ik ben alleen.

Ik wil weg, maar het lukt niet. Overal zijn obstakels en politie. Toch start ik: ik taxi naar de take-off-area. Ik moet door water. De neus van de Tiger Moth zakt voorover. Ik kom vast te zitten. Ik bedenk dat het enige dat ik kan doen achteruitgaan naar de hangar is om een nieuwe start te maken. Dat is de droom. En het is de eerste keer dat ik droom dat ik met de neus van een vliegtuig vast kom te zitten.'

Mijn uitleg: '*Reculer pour mieux sauter*. U was in die periode, voorjaar 2001, met diverse problematische zaken bezig. U verhuisde naar deze kamer. Dat had iets definitiefs. Het betekende echt afscheid nemen van prinses Juliana en doorgaan met uw eigen leven. Alleen.

U zei me ook dat er bepaalde zaken speelden waar u helemaal alleen voor stond. Het verhaal rond uw stadhouderschap en een eventuele brief aan Hitler werden weer opgerakeld. En er waren meer dingen, uw persoon betreffende, waarvan u vond dat u en alleen u ze kon oplossen.

Daarom denk ik dat de droom u waarschuwt niet overhaast te werk te gaan. Juist omdat u hier helemaal alleen moet vechten. De Tiger Moth, een eenpersoonsvliegtuigje, is hier een mooi symbool voor.

De droom heeft als boodschap u even terug te trekken op een veilige plek (de hangar) nadat u klem heeft gezeten (zie in de droom de neus van de Tiger Moth die vastzit in de grond) en dan vol ertegenaan, helemaal alleen. Zonder uitleg van de droom heeft u inmiddels uw stappen gezet. Uw Tiger Moth heeft doel getroffen. Het was een "*dangerous job*", maar hij is perfect volbracht. De waarschuwing is mosterd na de maaltijd, maar het moet u toch voldoening geven dat u een dergelijke voorspellende droom had.'

'Tja,' mompelt de Prins erachteraan, 'ik heb mijn hele leven gedroomd, maar pas de laatste jaren krijg ik uitleg. Die uitleg is zeer interessant. Maar niet echt nodig. Want ik heb toch mijn hele leven goede beslissingen genomen zonder droomverklaringen?'

'Klopt,' zeg ik, 'bijna alle dromen die u mij vertelde zijn achterafverhalen. U heeft ze me dan ook niet voorgelegd om er een waarschuwing uit te halen, daarvoor was het te laat. U wilde ze begrijpen. En dat is gelukt naar mijn idee.'

'Dat denken we dan samen,' zegt de Prins.

XIV

DE LAATSTE JAREN

Op 2-2-2002 vindt het huwelijk plaats tussen prins Willem-Alexander en Máxima, inmiddels prinses Máxima.

30 april is het Koninginnedag.

5 mei vindt het defilé in Wageningen weer plaats.

Korte tijd later bezoek ik de Prins.

Over het huwelijk en de defilés is de Prins kort. Beide waren 'prima' en 'een succes'. De Prins wil over Koninginnedag praten. Waar hij niet eens aanwezig was! Maar dat doet er blijkbaar niet toe.

'Dat defilé bij Paleis Soestdijk was in onze tijd veel beter,' zegt hij. 'De mensen liepen langs, legden hun bloemen en cadeautjes op de traptreden van het bordes. Een enkeling klom naar boven om iets speciaals te overhandigen, maar het was veilig. Wij hadden het paleis achter ons en de marechaussee hield de rest buiten in de gaten.

Maar nu? Nu is het feest in een stad of een dorp. Iedereen loopt door elkaar. Een kinderliedje hier, een toespraak elders, het is een grote chaos. Ik zeg je, al dat koekhappen, touwtrekken en klompendansen is abrupt afgelopen als er dooien vallen.'

'Maar koninklijke hoogheid,' antwoord ik, 'ze zijn toch op en top beveiligd? De koninklijke familie is omgeven door een stoet bodyguards.'

'Ja,' zegt de Prins, 'dat kan wel waar zijn, maar er hoeft maar één gek tussen te lopen en het is mis. Een gek doet wat hij wil, dat weet ik nog uit den oorlog. [De Prins gebruikt in de Nederlandse taal nog vaak de naamvallen, zoals in den oorlog, na den oorlog; zo heeft hij het geleerd toen hij pas in Nederland was en dat is blijven hangen.] Bovendien moet jij dat weten als psycholoog.'

Ja, denk ik, een gek doet wat hij wil, daar kun je je niet tegen beveiligen. 'Maar er kon indertijd toch ook een gek ineens een pistool trekken en op u allen op het bordes schieten?'

'Dat was veel moeilijker. Het waren altijd speciale groepen die langstrokken. In die dorpen en steden trekt de hele bevolking eropuit.'

Ik moet de Prins gelijk geven, ik heb er echt nooit bij stilgestaan dat zoiets kan gebeuren. Gestoorde mensen zijn onvoorspelbaar, dat weet ik maar al te goed uit mijn praktijk.

En hoe gelijk heeft hij gekregen!

'Heeft u daar met uw familie over gesproken?' vraag ik, 'dit is toch een belangrijke waarschuwing.'

'Ach kind,' zegt de Prins, 'naar mij wordt niet meer geluisterd. Ik ben een oude man. De ouderdom is ingewikkeld. Jij weet veel, maar de jeugd denkt dat je niets weet.

Het is niet meer wíj, maar zíj. Wij, de oudjes waar niemand meer iets aan vraagt en zij, de jongeren die alles beslissen.'

Die middag praten we door over het oud worden en alle moeilijkheden die dat met zich meebrengt. De Prins vertelt dat hij een geriater heeft die alles wat er te bestuderen valt over de ouderdom heeft bestudeerd. 'Maar ik ben ervaringsdeskundige,' zegt hij lachend, 'je weet pas hoe oud zijn is als je het zelf wordt. Ik heb een periode gehad dat ik geen uitweg meer zag, dat weet je nog wel. Toen leek het erop dat ik door al mijn mankementen een eeuwige patiënt was geworden. Dat wil ik nu niet meer. Oude mensen zijn de moeite waard. Wij hebben de levenservaring. En als de generatie onder je niet wil luisteren dan zijn er altijd nog de kleinkinderen. Mijn kleinkinderen, Alex voorop, willen die waardevolle ervaring van mij best horen. Dan ga ik niet zeggen: "Je moet minder hard auto rijden", want dat deed ik zelf ook en geen grootvader die je daarvan weerhoudt. Nee, hij zal zelf moeten ontdekken dat hard rijden waar het niet mag levensgevaarlijk is.

Ik vertel ze dat het leven eenzaam wordt als je oud wordt. Er zijn vrienden die doodgaan. Ik ben vaak in mijn leven "bijna dood" geweest. Maar altijd krabbelde ik weer op en dronk weer vrolijk een glas. In deze levensfase wordt het wat serieuzer. Ik wil niet dramatisch doen, maar het kan zomaar afgelopen zijn. Door al die stervende vrienden sta ik nu dichter bij de dood. Nee, ik wil er geen drama van maken. Dichter bij de dood staan heeft ook iets goeds, iets moois. Je bent dichter bij het oplossen van het raadsel dat leven heet. En wat gaat er straks gebeuren? Ik heb je al eens verteld dat ik van huis uit luthers ben. Ik ga allang niet meer naar de kerk. Nu heb ik mijn eigen geloof. Ik ben ervan overtuigd dat de dood een nieuwe fase betekent. Hoe? Geen idee. We zullen elkaar terugzien, of nou ja, letterlijk zien, dat kan natuurlijk niet. Op een of andere manier is er iets, dat onze spirit na de dood weer bij elkaar brengt. Dat noem ik mijn geloof. En de journalisten maar schrijven dat ik ongelovig ben. Ja, volgens hun boekjes ben ik dat. Ik begin de ochtend niet met uit de Bijbel te lezen, maar met een glas bier. Mag ik alsjeblieft mijn eigen leven leven? En mijn eigen geloof hebben? Dat laat ik me door niemand opleggen. Ik wilde nooit betutteld worden en zeker nu niet. Als ik dement word houdt alles op. Dan word ik als mammie die honderd procent verzorgd op haar bed ligt. De dokters zeggen dat er weinig kans is op dementie nu ik al zo oud ben.

Vind jij dat ik dementeer? Je moet het eerlijk zeggen, hoor, ik vergeet wel veel.' Ik vertel de Prins dat ik hem 'griezelig' bij vind voor zijn leeftijd. Hij onthoudt sommige dingen beter dan ik.

'Nou, gelukkig maar, want opgeborgen in een kamer met allerlei verpleegsters om me heen, dat zal ik waarschijnlijk niet lang overleven. Het feit dat jullie me zeggen dat ik niet dementeer geeft me energie om door te gaan. Ik wil vrij zijn en genieten van wat ik nog kan. Niet alleen de Peace Parks, maar ook vriendschap. Want niet iedereen is dood en er zijn nog vrienden genoeg die ik aandacht kan geven. Ik heb daar nu veel meer tijd voor. Tot het laatst toe wil ik met mijn vrienden contact houden en lachen, vooral veel lachen. Zonder humor is het leven geen feest.'

Deze monoloog is onderbroken door ettelijke hoestbuien, en door de binnenkomst van de valet met de roze champagne, maar het verhaal is tot een mooi slot gekomen.

Dan zegt de Prins: 'Zo, daar ben ik wel moe van geworden. Het was een goed gesprek. Dankjewel, maar nu moet je gaan.'

Goed gesprek? Ik heb amper een woord gezegd. De Prins heeft tegen mij gepraat en ik heb geluisterd en mijn uiterste best gedaan het goed te onthouden, zodat ik het straks kan opschrijven. Ik pak mijn tas op en het bekende ritueel herhaalt zich. De Prins brengt mij tot ver op de gang en de valet laat mij uit.

Ik stap in mijn auto. Mijn hoofd gonst. Wat een informatie heeft de Prins gegeven. In de restauratie van het eerste benzinestation dat ik tegenkom schrijf ik alles op wat ik gehoord heb. Zoals ik dat die andere keren ook heb gedaan. Ze kennen me daar zo langzamerhand. De mevrouw die aan een tafeltje gaat zitten, een kroket met brood bestelt en een cola. En dan gaat zitten schrijven totdat ze achter de laatste zin een punt heeft gezet. Dan vertrekt ze met de aantekeningen in haar tas. Niemand weet welke aantekeningen er in de tas zitten.

Na de zomervakantie wil de Prins mij weer zien. We vinden een datum eind oktober. Op 6 oktober 2002 overlijdt prins Claus. De Prins gaat niet naar de begrafenis. Wat geldt voor zijn vrienden geldt ook voor zijn schoonzoon. Ik teken een toepasselijke cartoon met een passende tekst en verstuur het geheel per fax. Er komt geen reactie. Dus vraag ik de eerstvolgende keer als ik bij hem ben aan de Prins of hij mijn fax naar aanleiding van het overlijden van prins Claus heeft ontvangen. 'Ontvangen misschien wel, maar ik heb niets gezien of gelezen, ik houd niet van al die condoleancepost. Alles is weggegooid.' Dat is weer eens duidelijke taal. Ik besluit dan ook maar niets meer te zeggen over het overlijden van prins Claus. Maar de Prins begint er zelf over. 'Je kinderen horen niet eerder dood te gaan dan jijzelf,' begint hij.'Claus was geen kind van mij, hij was een schoonzoon. Op mijn manier was ik gesteld op hem, hoewel wij twee uitersten waren. Ik moet ondernemen, dingen oppakken, nieuwe ideeën ontwikkelen.' Ik kijk de Prins eens aan. Eenennegentig jaar en hij praat over het ontwikkelen van nieuwe ideeën.

'Kom,' zegt hij, 'laten we over dromen praten. Ik vind het zo vreemd dat ik de laatste maanden steeds over dieren droom. Eerst ging het maar over vliegtuigen en auto's en mijn moeder en nu ineens al die dieren die 's nachts door mijn hoofd spoken. Ik ben in gesprek met olifanten, ik tem leeuwen, ik krab een poema die bijna op mijn schoot zit achter zijn oor en dan ineens speel ik weer met een allerliefst hondje. Is dat niet gek?'

Nee, dat is helemaal niet gek. Hoe ouder we worden, hoe meer we beseffen dat we zelf ook dieren zijn. Weliswaar zoogdieren van de hoogste soort. De enige soort die kan denken. 'De mens is een beest met een geest,' zeg ik. 'Oudere mensen voelen zich over het algemeen meer aangetrokken tot dieren dan jongere. En in uw geval is het extra begrijpelijk. U bent met het World Wildlife Fund en de Peace Parks voortdurend in de weer met het wel en wee van dieren. Daar bent u overdag mee bezig. Dan is het logisch dat de dieren zich tijdens de slaap in een droom ook weer aandienen. In al die dromen die u over dieren hebt zit weer een boodschap verborgen. Maar ik denk dat u nu die zelf er wel uit kunt halen. Het belangrijkste dat ik er nu direct uithaal is dat u ook in het geval van wilde dieren niet bang bent.'

Dat klopt volgens de Prins. Hij heeft tijdens safari's zijn vrienden versteld doen staan hoe hij met name olifanten tegemoet trad. Terwijl één trap van een olifant de dood betekent. Volgens de Prins heeft hij iets speciaals met dieren. Hij kan met ze praten, niet met woorden, maar via een andere golflengte. En via die golflengte heeft hij contact met ze en is hij er stellig van overtuigd dat ze hem niets zullen doen, omdat ze voelen dat hij alleen het goede met ze voorheeft.

Poef, nu gaan we toch een beetje op de spirituele toer. Het zou me niet moeten verbazen, want de Prins heeft mij jaren geleden al verteld dat hij hevig geïnteresseerd is in dromen en spirituele zaken. Dat was tijdens de lunch bij Air Holland, nadat hij een vliegtuig had gedoopt.

Ik vertel de Prins dat ik een wespenallergie heb. Toch ben ik niet bang voor wespen. Als er eentje over mijn arm loopt zeg ik: 'Wandel maar gezellig rond, maar prik me niet. Ik doe jou geen kwaad, dan moet jij het mij ook niet doen.'

Dan zegt de Prins tot mijn stomme verbazing: 'Als je genoeg van het leven hebt zeg je gewoon tegen zo'n wesp dat hij nu wel mag prikken. Dan hoef je geen akelige pil te slikken of een spuitje te krijgen, de wesp doet zijn werk.'

Ik vraag de Prins of hij nog in wil gaan op de betekenis van zijn dierendromen. Hij legt mij uit dat het hem allemaal duidelijk is. 'Je bent een goede leraar, ik heb veel van je opgepikt en nu kan ik het meestal zelf.' Uiteraard is dit voor mij heerlijk om te horen. Het champagne-uurtje wordt dan ook gevuld met verhalen over vroeger, over het koude Loo waar grootmoeder Wilhelmina woonde en het warme Loo (Warmelo) waar grootmoeder Armgard huisde en waar de kleinkinderen dus het liefst naartoe gingen. De Prins maakt ook een paar grappen en vertelt anekdotes over de vakanties in Italië.

We zijn echt terug in 'die goeie ouwe tijd toen alles nog veel beter was'.

Ik rijd die avond glimlachend naar huis.

Voorjaar 2003. De Prins heeft weer het defilé afgenomen in Wageningen. En ik word weer uitgenodigd naar Paleis Soestdijk te komen.

In dromen bespreken heeft hij niet zo'n zin. De mensen in zijn omgeving zijn ook niet echt geïnteresseerd. Ik vraag of juffrouw Gilles ook geen belangstelling meer heeft voor zijn dromen. Zij hielp altijd zo goed bij de uitleg.

'Ach, weet je dat niet, Kokkie is weg. Ze is dement geworden, ze kon hier niet blijven. Ze woont nu in een huis van mij. Ze maakt het goed.'

'Wat een droevige omgeving om in te wonen,' zeg ik, 'waar de mensen om u heen dement worden of overlijden.' Zo ziet de Prins het niet. Het hoort bij het leven. 'Is het dan niet een vreemd gevoel dat alles om u heen wegvalt?' vraag ik. De Prins verkiest de situatie van de positieve kant te bekijken. 'Het lijkt erop dat ik de laatst levende hier zal zijn,' zegt hij, 'met mammie gaat het ook hard achteruit.

Maar ik heb toch altijd nog Aernout [Broekhuysen], mijn valet, en alle andere lieve mensen die hier werken. En dan mijn vrienden die vaak langskomen.'

Zo komen we toch weer op het begrip sterven.

De Prins is niet bang voor de dood, dat zegt hij nogmaals met nadruk. Ik krijg het gevoel dat hij wil dat ik dit goed in mijn oren knoop. De dood is volgens hem niet het einde, maar het doel van het leven. Het is toch ook alleen maar je lichaam dat doodgaat.

Daarin kan ik de Prins alleen maar bijvallen. 'Wist u dat het woord lichaam komt van lijc-haam, vleeshemd? Dat vleeshemd lever je in bij het overlijden, de rest wordt opgenomen in het grote geheel. Ik ben een stuk jonger dan u, maar ik zie de dood als een thuiskomen. Waar dat thuis is ligt aan jezelf. Dat kan bij God zijn, of in het nirwana, dat hangt van ieders geloof af. Voor mijn gevoel wordt na de fysieke dood de geest, die u spirit noemt, opgenomen in een collectief, je wordt onderdeel van het geheel.'

Daar kan de Prins wel in meegaan. Toch blijft hij

volhouden dat we elkaar, op welke wijze dan ook, na de dood weer zullen ontmoeten.

Op een gegeven moment heeft de Prins genoeg van dit gefilosofeer. 'Kom eens mee,' zegt hij. We gaan naar de kamer die naast de grote kamer ligt. Hier staan op een enorme tafel de olifanten die de Prins verzameld heeft. Het is voor het eerst dat ik ze zie. Mijn hemel, wat zijn het er veel. Grote, kleine, mooie, lelijke, alles door elkaar. Er staan ertussen die met edelstenen ingelegd zijn, er staan ivoren olifanten, marmeren, glazen, zoveel soorten dat het me duizelt. Aan de rand zie ik een klein zwart beestje met kralen oogjes dat naar het schijnt zielig voor zich uitkijkt tussen al die pracht en praal. 'Ach,' zeg ik, 'die zielenpiet, die voelt zich hier helemaal niet lekker bij al die mooie collegae.'

'Ik weet ook niet hoe ik eraan kom,' zegt de Prins, 'hier, neem maar mee, je krijgt hem van mij cadeau.' Maar dat wil ik niet. De olifanten horen bij elkaar. Het is een collectie met een verhaal. Daar kun je niet zomaar één exemplaar uitrukken, hoe onooglijk het ook is. Ik probeer het de Prins uit te leggen en hij begrijpt me wel. Teder zet hij het kleine beestje weer tussen zijn broeders en zusters. 'Als ik dood ben gaan ze toch uit elkaar,' zegt hij dan. 'Wie wil er nu mijn hele collectie olifanten hebben?'

Ik hoop toch voor hem dat, mochten de kinderen of kleinkinderen niet geïnteresseerd zijn, er iemand is die de hele verzameling bijeen wil houden. Iemand die daar de waarde van inziet.

'Nou ga je met lege handen naar huis,' zegt de Prins.

‘Maar met een vol hart,’ antwoord ik.

‘Lieve hemel wat theatraal, maar ik wens je een goede reis en behouden thuiskomst.’

Vergis ik me nu of zit er in deze woorden een dubbele betekenis?

Dan is het ineens 2004. De situatie van prinses Juliana gaat achteruit en zij overlijdt op 20 maart. Ik zal niet weer een toepasselijke tekening proberen te faxen, omdat ik weet dat ik de Prins daar geen plezier mee doe. Als antwoord op de annonce stuur ik het geijkte condoleancebriefje.

Het is geweldig dat de Prins toch op 5 mei weer het defilé afneemt in Wageningen. Zijn laatste, maar dat beseft hij nog niet.

En ook krijg ik weer een telefoontje of ik langs wil komen. Ben benieuwd of de Prins weer terug is naar zijn zonnige tuinkamer nu prinses Juliana er niet meer is. Maar nee, de Prins blijkt in de ‘portrettenkamer’, zoals ik hem noem, te zijn gebleven.

Er heerst geen rouwstemming, meer een berusting over wat er gebeurd is. Ze is vredig doodgegaan en dat is het belangrijkste, vindt de Prins. Het bijwonen van de bijzetting viel hem zwaar, maar hij had het niet willen missen. ‘Ik moest daarbij zijn, het was een goede beslissing,’ zegt hij achteraf.

‘Na afloop heb ik tegen dominee Ter Linden gezegd: en u doet mij. Die keek verbaasd, maar hij beaamde het wel. Dominee Ter Linden lijkt mij heel geschikt om mijn uitvaart te begeleiden. Hij zweeft niet, hij is nuchter en to the point en hij is gelovig. Weet je dat er veel dominees zijn tegenwoordig die niet meer geloven? Vooral de ouderen, die praten maar wat en ze staan er niet meer achter. Ter Linden wel, aan hem merk je dat hij gelooft. Hoe hij over mij denkt weet ik niet, ik heb het idee dat hij mij een beetje vreemd vindt met mijn geloof. Ken je hem?'

'Mijn man en ik hebben herhaaldelijk diensten van dominee Ter Linden bijgewoond in de Kloosterkerk in Den Haag. Ook een paar huwelijksinzegeningen.'

'Dat bedoel ik niet. Ken je hem persoonlijk?'

'Jazeker. Ik heb hem leren kennen als predikant, maar ook als mens, echtgenoot, vader. Ik vind hem een erudiete man, heel zuiver en ook heel eerlijk over zijn eigen geloof. Maar echt kennen, zoals u bedoelt, dat is moeilijk. Mijn man en ik willen dat wel graag, maar u weet misschien hoe dat gaat bij predikanten. Ze leren jou wel kennen, omdat je je hart bij hen uitstort, maar de predikant zelf leren kennen is niet zo eenvoudig.'

Ik vraag me af waarom de Prins dit vraagt. Even later zal ik erachter komen wat de reden was.

De Prins houdt vervolgens een heel verhaal hoe hij zijn begrafenis voor zich ziet. Die monoloog duurt bijna een uur. De Prins haalt er allerlei vorige begrafenissen bij, zoals die van prins Hendrik in het wit en zijn eigen vroegere plannen om olifanten in de stoet te laten meelopen. De valet komt ons redden met de roze champagne.

Door al dit praten over begrafenissen krijg ik het gevoel dat de Prins niet lang meer zal leven. Hij heeft zijn strijdlust echter nog niet verloren. Hij blijft praten over de Peace Parks, maar aan dromen vertellen wil hij niet veel meer denken. Hij maakt duidelijk dat het nog steeds bijna altijd over dieren gaat. Zo nu en dan over een vliegtuig en waarachtig ook over zijn overleden vrouw. Daar is hij zelf verbaasd over. 'Ze was zo lief en mooi, jammer dat ik wakker werd.'

Ik ben blij voor de Prins dat hij zo positief droomde over prinses Juliana. Dat is een teken dat zij doorleeft in zijn onbewuste en dat hij, zoals hij dat noemt, op zijn manier van haar heeft gehouden.

Dat het de laatste keer is dat ik hem zie weet ik niet. Er hangt een soort sfeer in de lucht die aangeeft dat het wel eens snel voorbij kan zijn.

En dan ineens gebeurt het.

'Ik heb nog wel een bijzondere droom gehad,' zegt de Prins. 'Ik wilde je hem eerst niet vertellen. Het is zo definitief.'

Ik schrik, maar ik probeer toch het luisterend oor te zijn dat ik al die jaren was voor de Prins. 'Ik zou het fijn vinden als u me de droom wilt toevertrouwen,' zeg ik.

Dit is de laatste droom die de Prins mij vertelde.

'Ik zat in een vliegtuig. Het was een gewone KLM-*vlucht naar Zuid-Afrika. Het vliegtuig was vol en in de eerste klasse waarin ik een stoel had waren meer mensen, die ik niet kende. Men had mij toestemming gevraagd en ik vond het prima. "Waarom is de kist zo vol?" vroeg ik nog. Maar ik kreeg geen antwoord. Lange tijd ging alles goed. Het was de nachtvlucht naar Cape Town en ik dommelde in.*

Ineens ging het vliegtuig schokkende bewegingen maken. Dat vond ik niet vreemd, turbulentie tijdens deze vlucht is normaal. Maar het schokken ging door en het vliegtuig ging op en neer, alsof het door de wind omhoog gegooid werd en daarna weer naar beneden viel.

De captain sprak vanuit de cockpit. Hij zei dat het er slecht uitzag, het vliegtuig was onbestuurbaar, en hij wist niet waarom. Stewardessen deelden inmiddels capsules uit.

Ieder kreeg er twee. Ondertussen leek het of het vliegtuig in een orkaan terecht was gekomen. Wij zaten in de riemen, maar die arme stewardessen werden heen en weer geslingerd en vielen soms keihard tegen de stoelen aan. Ik keek naar mijn capsules. De ene was rood, de andere zilverkleurig.

De stem van de captain kwam weer door. Die rode capsule moesten we doorbijten en inslikken als het vliegtuig zou neerstorten. Dan had iedereen een pijnloos einde. Op redding hoefden we niet te hopen. We waren echt verloren. Wat we met de zilveren capsule moesten doen liet de captain aan ons over. We hadden de keuze: of de rode opeten of de zilveren ergens insteken. Dan zouden misschien deuren opengaan, of nooduitgangen, maar zeker wist hij het niet.

Je begrijpt, ik was beslist niet van plan zelfmoord te plegen met die rode capsule. Geen haar op mijn hoofd!

Toen riep de captain: "GO!"

En alle mensen om mij heen beten de rode capsule door en vielen dood achterover in hun stoelen. Ik zat met de zilveren in mijn hand. Ik aarzelde even. We vielen met duizelingwekkende snelheid naar beneden. Het was heel bizar met al die dode mensen om mij heen.

Doodstil. Toen stopte ik de zilveren capsule in het eerste beste gat dat ik zag. Wat gebeurde er? Ik schoot ineens met een rotvaart door het dak het vliegtuig uit, pijlsnel naar boven. Ik zag overal prachtige zwanen en ik dacht: dat zijn KLM*-zwanen, maar wat doen die hier?*

Beneden mij zag ik het vliegtuig in zee storten.

Ik steeg verder, steeds hoger en hoger en ik voelde me heel gelukkig dat ik de zilveren capsule had gekozen.

Toen werd ik wakker.'

Ik blijf even stil.

Het is een ontroerende droom.

'Die droom hoef je niet uit te leggen, die begrijpt een kind.'

Dat vraag ik me af. De droom geeft weer dat de Prins tot het einde toe niet met de massa meegaat. Hij kiest zijn eigen koers. Deze droom laat ook zien hoe de Prins zich de dood voorstelt. Zoals hij al eerder zei: een nieuwe fase. Ik voel dat de Prins er niet over wil praten.

Hij neemt het woord na de korte stilte. 'Ik ga je iets vragen. Wil je die droom aan dominee Carel ter Linden vertellen, dan kan hij hem gebruiken voor mijn uitvaartdienst. Want hieruit blijkt toch echt dat ik gelovig ben. Op mijn manier.'

'Daar is toch niet zo'n haast bij?' vraag ik. 'Het gaat toch redelijk goed met u?'

De Prins schudt zijn hoofd en zwijgt.

Ik neem mij voor dominee Ter Linden morgen te bellen. Ik doe dat niet. Het lijkt alsof ik het noodlot over de Prins afroep als ik deze droom nu al ga doorvertellen.

Ik weet dat het zo is, maar ik durf niet te denken aan een naderend einde.

XV

DE LAATSTE MAANDEN

In september komen wij terug van vakantie.

Het valt me op dat er geen dringende boodschap van de Prins op mijn antwoordapparaat staat. Ik bel naar Paleis Soestdijk. Word doorverbonden met de Prins. Ik vraag of hij mij in september wil zien. Het antwoord is: 'Nee.' De hele maand september zit vol met doktersbezoeken, medische onderzoeken en allerlei andere dingen die met zijn gezondheid te maken hebben. 'Begin oktober,' suggereert de Prins.

'Vanaf 15 oktober kan ik bij u zijn. Zullen we dan afspreken?'

'Ach, mensch,' verzucht de Prins, 'als ik er dan nog maar ben.' Even denk ik dat hij een grapje maakt. De Prins zou toch vijfennegentig worden, dat had hij zich zo voorgenomen. Direct besef ik dat een mens zoiets niet zelf in de hand heeft. Ongerust vraag ik wat er met hem is.

Het wordt een lang telefoongesprek. De Prins had gehoopt dat hij geweldig zou opknappen in Italië. Mooi weer, niets aan het hoofd, geen beslommeringen, prettig gezelschap, lekker varen met de boot, goed eten en drinken.

Maar nee, bij terugkomst blijkt dat de kanker waarvan hij dacht dat die onder bedwang was op vele plekken in zijn lichaam 'aan het bloeien is', zoals de Prins het in een poging tot optimisme noemt. Ik besluit niet kinderachtig te doen en toedekkend te praten, maar rustig door te vragen. Ik vraag waar het dan zit, en wat 'vele plekken in mijn lichaam' betekent. Als de Prins geen zin heeft hier met mij over te praten zal hij het stellig zeggen. Maar het blijkt dat hij zijn verhaal wil spuien. Ik schrik van alle plekken die hij opnoemt. En ik begrijp ineens de uitspraak van een van zijn behandelende artsen die ik toevallig enkele maanden daarvoor ontmoette. Ik vroeg toen: 'Is de Prins *still going strong*?' De arts zei dat hij zijn beroepsgeheim heeft en dat hij me niets kon vertellen omtrent de gezondheid van de Prins. Toen hij mijn teleurgestelde gezicht zag zei hij: 'Nou vooruit, één ding dan, de Prins *is not going strong, he is going*.'

Dat was een paar maanden daarvoor.

Nu snap ik ineens dat ik die woorden diep verdrongen heb. Ik wil het niet geloven, het kan niet waar zijn dat de Prins aan zijn laatste maanden toe is.

'Wat is de prognose, wat zeggen uw artsen?' vraag ik nog.

'Ze geven me nog tot Kerstmis.'

Het helpt niet om de kop in het zand te steken. Dit is een uitspraak. Ik wil bijna zeggen: 'Basta', maar ik houd me in.

We eindigen het gesprek met de afspraak voor

15 oktober en ik vraag de Prins of hij nog steeds strijdvaardig is, of hij wil knokken voor zijn gezondheid. Dat blijkt hij op alle mogelijke manieren te willen. Als die vijfennegentig jaar dan niet haalbaar is dan toch in ieder geval Kerstmis 2004.

14 oktober komen wij in de vroege avond terug uit Marseille. De koffers staan nog ingepakt, we struikelen over de post en dan gaat de telefoon. Prins Bernhard. Alarmfase 1 dient zich bij mij aan. Dit is nog nooit gebeurd. De Prins die mij belt als ik nog nauwelijks thuis ben.

'Wij hadden toch een afspraak voor morgen, 15 oktober?' vraagt hij vriendelijk. Maar zijn stem helpt mij niet mijn bezorgdheid weg te nemen.

Paniek slaat toe. 'Ja,' kan ik alleen maar zeggen. 'Wel, die afspraak kan niet doorgaan, ik moet voor een spoedopname naar het ziekenhuis, er is weer eens iets mis. Ik bel je als het beter gaat.'

Die avond besef ik dat ik de Prins niet meer zal zien. Misschien nog om afscheid te nemen, maar nooit meer om dromen te bespreken en al die andere dingen die zo boeiend waren. Na een week belt hij me weer. Een bezoek zit er niet in. Dat had ik allang begrepen. Zijn voorstel is dat ik elke vrijdag om zeven uur 's avonds bel. Dan kunnen we even praten, wellicht een afspraak maken voor 'adieu', vooral niet afscheid, het zal altijd zijn 'tot ziens', want de Prins blijft voelen dat we elkaar allemaal op welke manier dan ook weer zullen ontmoeten.

'En,' voegt hij eraan toe, 'wil je dan elke vrijdag een

mop voor me hebben, want ze zijn hier allemaal zo ernstig en ik wil nog wel eens lachen.'

Nog lang na dit gesprek zit ik met de hoorn in mijn hand. Van droomanaliste naar moppentapster… ach, waarom ook niet.

En zo gebeurt het ook. Elke vrijdag, als de Prins tenminste niet voor onderzoek in het ziekenhuis is, bel ik hem op het afgesproken uur. Elke vrijdag heb ik ook weer een grap. En elke vrijdag krijg ik hem aan het lachen. Hoe verdrietig ik vanbinnen ook ben, het doet me goed dat ik tenminste nog iets kan bijdragen in die laatste maanden.

Ondertussen wacht ik op een uitnodiging. Dan, half november, houd ik het niet meer uit en ik vraag wanneer ik 'tot ziens' mag komen zeggen. Heel rustig antwoordt de Prins dat hij een hele lijst afwerkt en dat ik na 3 december aan de beurt ben.

Ik maak me niet druk. Er is immers tijd tot Kerstmis?

Er volgen nog een paar vrijdagen met een grap van mijn kant en de status quo van de Prins. Hij houdt mij volledig op de hoogte. Ook van het feit dat hij Kerstmis wellicht niet zal halen. Een keer vertelt hij me dat hij zijn oude uniform heeft aangetrokken waarin hij begraven wil worden. Hij is verschrikkelijk trots dat het nog precies past.

Dan vertelt de Prins van zijn kant een mop. Een van zijn vrienden kwam langs en toen die hoorde dat de Prins zijn uniform had gepast had die vriend gezegd: 'En, ben je toen ook even als proef in de kist gaan liggen?'

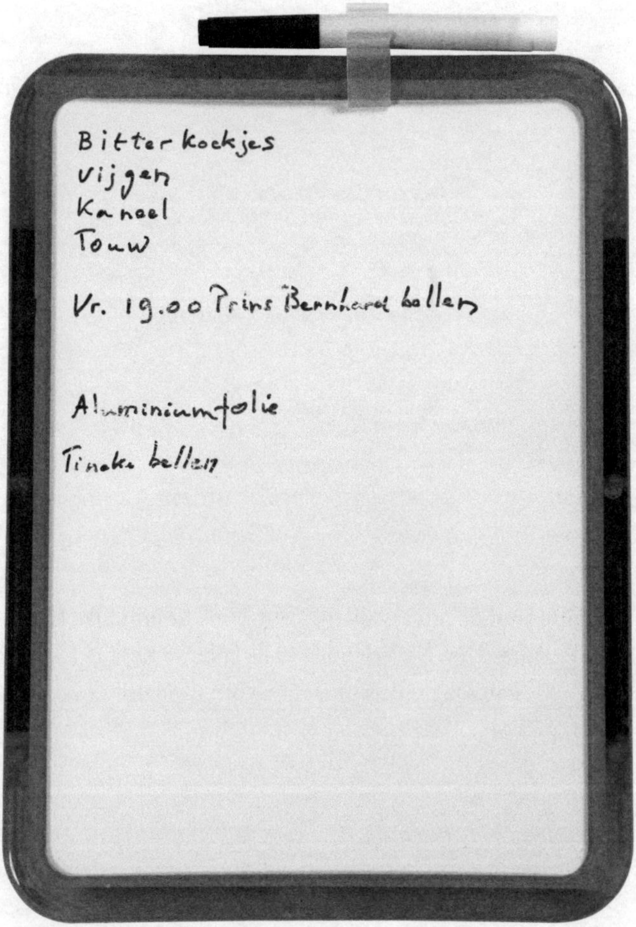

Het whiteboard dat gedurende de maanden oktober en november 2004 naast de telefoon van Karin de Korte stond

IN OPDRACHT VAN

HARE MAJESTEIT DE KONINGIN

HEEFT DE GROOTMEESTER DE EER

Mevrouw Drs. K.L. de Korte-Munk

UIT TE NODIGEN TOT HET BIJWONEN VAN DE UITVAARTDIENST VOOR

ZIJNE KONINKLIJKE HOOGHEID PRINS BERNHARD DER NEDERLANDEN

IN DE NIEUWE KERK TE DELFT OP ZATERDAG 11 DECEMBER 2004 OM 12.30 UUR

GAARNE BERICHT VAN VERHINDERING
AAN FRONTDESK
PALEIS NOORDEINDE
E-MAIL: FRONTDESKPNE@PNE.NL
TEL. 070-4271400

Uitnodiging voor de uitvaartdienst voor Zijne Koninklijke Hoogheid Prins Bernhard der Nederlanden in de Nieuwe Kerk te Delft op zaterdag 11 december 2004 om 12.30 uur

Ik zeg dat ik het niet zo'n geslaagde grap vind. En dan hoor ik weer: 'Ach, mensch, jij kunt ook nergens tegen.'

Half november. Een echte herfstavond met slagregens en veel wind. Althans in mijn herinnering. Misschien was het wel prachtig weer. Maar die avond staat in mijn geheugen gegrift als een onheilsavond met slecht weer. Ik bel de Prins en hij zegt: 'Het gaat niet goed met mij.' Zijn stem klinkt zwak en een beetje schor. Hij heeft nu vast geen zin in een grap.

Dat klopt, de Prins is met andere zaken bezig. 'Heb je dominee Ter Linden gebeld?' Ik zeg dat ik dat nog niet aandurfde, dat ik nog zo'n hoop had op enig herstel of in ieder geval iets langer leven. De Prins maakt mij duidelijk dat ik moet opschieten. 'En als je de dominee belt, wil je hem dan ook vragen of hij een mop in zijn preek wil verwerken, want ik wil niet dat iedereen alleen maar somber is en huilt, er mag best een beetje gelachen worden. De dood heeft ook iets moois.'

Ik beloof dat te doen en ik neem mij voor direct de volgende dag dominee Carel ter Linden te bellen met het hele verhaal. Ik besef dat het tijd is.

Het gesprek tussen de Prins en mij die avond eindigt: 'Volgende week vrijdag weer?'

'Natuurlijk, koninklijke hoogheid, ik bel u om zeven uur precies.'

Beiden voelen we op dat moment, daar ben ik van overtuigd, dat dit het laatste gesprek is geweest. De laatste droom van de Prins geef ik de volgende dag aan dominee Ter Linden door. Met het verzoek om een mop. De droom vindt hij mooi en interessant en op de mop geeft hij geen commentaar. Toch is het zo dat er later, tijdens de uitvaartdienst, soms een beetje weemoedig wordt gelachen. Het zal eerder aan dominee Ter Linden hebben gelegen dan aan mijn verzoek. Maar het was wel precies wat de Prins bedoelde.

De volgende vrijdag, 26 november exact om zeven uur, bel ik toch weer naar Paleis Soestdijk. De dienstdoende telefoniste praat een hele tijd met mij over de Prins, zijn ziekte, hoe dapper hij is en hoe aardig voor zijn personeel. Dan probeert ze me door te verbinden. Maar de Prins zegt dat hij geen behoefte heeft mij te spreken. Precies wat ik me had voorgesteld. Acuut kruip ik achter de computer en tik een fax aan de Prins waarin ik 'tot ziens' schrijf en waarin ik ook zeg dat ik geruime tijd zal wachten met het uitgeven van het boek.

Later hoor ik van zijn particulier secretaris dat de Prins de fax nog met een glimlach heeft gelezen.

Na 3 december mag ik langskomen.

Op 1 december overlijdt de Prins.

EPILOOG

Dit boek over de dromen van prins Bernhard en over de uitleg van die dromen heb ik gebaseerd op mijn gesprekken met de Prins en op schriftelijk materiaal. Deze gesprekken voerde ik als droomanaliste en ze staan dus los van mijn praktijk als psychotherapeut. Mijn vader wist mij al op jonge leeftijd te interesseren voor droomanalyse en nadat ik was afgestudeerd in de klinische psychologie en mij vestigde als psychotherapeut, ben ik me verder gaan verdiepen in de uitleg van dromen. Ik heb hier twee boeken over geschreven en ook geef ik droomworkshops. Dit alles omdat het mijn overtuiging is dat iedere droom een boodschap bevat die belangrijk is voor ons persoonlijke leven.

Toen de Prins nieuwsgierig bleek naar mijn droomuitleg maakten we in 1996 een eerste afspraak. Dit was het eerste van in totaal dertig gesprekken, waarin we elkaar steeds persoonlijker hebben leren kennen. Deze gesprekken vonden plaats op Paleis Soestdijk, met uitzondering van twee gesprekken bij mij thuis en tien gesprekken per telefoon. Het kortste gesprek duurde ongeveer een uur, het langste bijna vier uur.

Het schriftelijk materiaal bestond uit:

- Twintig dromen van de Prins, door hemzelf uitgeschreven op blocnotevelletjes. Een aantal daarvan is in mijn bezit. Ik kreeg ze mee na afloop van onze gesprekken. De andere bleven bij de Prins.
- Een behoorlijk aantal brieven van mijzelf aan de Prins, waarvan ik er enkele na zijn overlijden weer teruggestuurd kreeg door zijn particulier secretaris. De valet had ze in een boek van de Prins gevonden.
- Een dertigtal faxen die ik de Prins toestuurde.

Uit het grote aantal besproken dromen heb ik er twintig geselecteerd die de lezer een betere kijk op de Prins geven. De droomsymbolen – vliegtuigen, auto's, boten, de jacht en wilde dieren, zijn moeder – zijn typerend voor het leven van de Prins. Symbolen passen altijd bij de persoonlijke omstandigheden van de dromer. Het bijzondere ervan vond ik dat de dromen een heel andere kant van de Prins laten zien. Hier komt de Prins nu eens niet naar voren als de omstreden bon vivant, maar als een man met een intens en rijk innerlijk leven.

Zonder instemming van de Prins had ik *Basta* niet kunnen schrijven. Toen ik hem in 2000 voorstelde een boek over zijn dromen en onze gesprekken te schrijven stemde hij daar mee in. De Prins was het er helemaal mee eens dat het tijd werd een ander licht op hem te laten schijnen en daarmee een positiever beeld van hem te vormen.

Vlak voor het overlijden van de Prins was het verschijnen van dit boek niet aan de orde. Op mijn voorstel geruime tijd te wachten met publicatie kon de Prins helaas niet meer reageren. Inmiddels zijn er zes jaren verstreken, en is er een biografie over de jonge jaren van de Prins verschenen. Het is nu het juiste moment om dit boek, gebaseerd op gesprekken gedurende zijn laatste levensjaren, te doen verschijnen.

Karin de Korte-Munk

GERAADPLEEGDE LITERATUUR EN BRONNEN

Bree, Han van, *Het aanzien van Bernhard*, Utrecht 2004

Broertjes, Pieter en Jan Tromp, *De prins spreekt*, Amsterdam 2004

Fasseur, Cees, *Juliana & Bernhard. Het verhaal van een huwelijk: de jaren 1936-1956*, Amsterdam 2008

Hatch, Alden, *Prins Bernhard, zijn plaats en functie in de moderne monarchie. Een geautoriseerde autobiografie*, Amsterdam 1962

Kikkert, J.G., *Bernhard, een leven als een prins*, Utrecht 1998

Lammers, Frederik Johan, *Claus, prins in de schaduw van de troon, met een historische blik op de positie van zijn voorgangers*, Baarn 2002

NOS, *Bernhard, 1911-2004*, Den Haag 2004

Wijnen, Harry A. van, *De prins-gemaal, vogelvrij en gekooid*, Amsterdam 1992

Wilhelmina, koningin, *Eenzaam maar niet alleen*, Amsterdam 1959

Zijl, Annejet van der, *Bernhard, een verborgen geschiedenis*, Amsterdam 2010